The Epistles of John
요한서신
하나님은 사랑이시라

강정보 지음

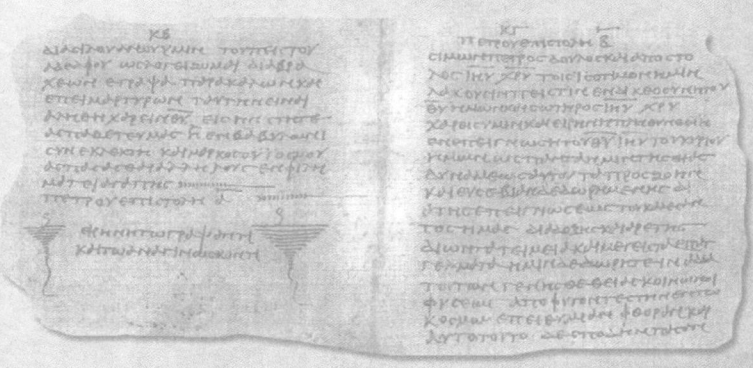

기독교문서선교회

기독교문서선교회(Christian Literature Center: 약칭 CLC)는 1941년 영국 콜체스터에서 켄 아담스에 의해 시작되었으며 국제 본부는 미국 필라델피아에 있습니다.
국제 CLC는 59개 나라에서 180개의 본부를 두고, 약 650여 명의 선교사들이 기동도서차량 40대를 이용하여 문서 보급에 힘쓰고 있으며 이메일 주문을 통해 130여 국으로 책을 공급하고 있습니다.
한국 CLC는 청교도적 복음주의 신학과 신앙서적을 출판하는 문서선교기관으로서, 한 영혼이라도 구원되길 소망하면서 주님이 오시는 그날까지 최선을 다할 것입니다.

The Epistles of John
God is love

Written by
Kang Jung-Bo

Korean Edition
Copyright © 2017 by Christian Literature Center
Seoul, Korea

저자 서문

강 정 보 목사
전 서울 애린교회 담임(원로), 전 총회신학연구원 학장

　지금 우리는 세계화의 시대에 살고 있습니다. 그리고 지금은 단일 세계 정부를 구체화하려는 시도가 일어나기 시작하고 있습니다. 그러나 사람들은 그것이 추구하는 궁극적 목적이 무엇이며 그 정체가 무엇인가를 알지 못하고 있습니다.

　그 현상들은 하나님의 예언이 이루어져 가는 과정이라고 성경은 말하고 있습니다. 하나님의 허용하에 사탄의 세력이 세계를 지배하려는 현상입니다. 이러한 시대적 상황 속에서 지상에 존재하는 주님의 교회는 존재의 의미와 가치를 하나님의 말씀 위에 확립하고 신앙과 진리를 지켜 나가야 할 것입니다.

　AD 1세기에 출현했던 적그리스도가 지금 21세기에는 더욱 기승을 부리고 주님의 몸된 교회를 향해 맹공격을 가하고 있습니다. 특히 기독론의 진리가 크게 위협을 받고 있습니다. 멀지 않은 장래에 그리스도를 중심으로 하는 문명과 비그리스도적 문명의 충돌로 인해 종말론적 현상이 나타나게 될 것이라 여겨집니다.

오늘 우리들은 예수 그리스도께서 사도 요한을 통해 보내 준 편지들을 깊이 묵상하고 연구하여서, 주님의 뜻을 밝히 깨닫고 성경의 진리를 지키며 아가페의 계명을 생활화함으로 승리해야 합니다. 그래서 영광 받는 성도와 교회가 되어야겠습니다. 이것을 갈구하는 마음으로 필자는 이 작은 것을 세상에 내놓으려고 합니다.

이 글을 쓰도록 건강을 주신 하나님께 감사드리고, 출판을 위해 수고해주신 CLC의 박영호 목사님과 직원들께 감사드립니다.

2017년 8월
마포 서강나루에서

차례

저자 서문 _5

제1장 | 요한일서 ● 9

1. 서론 _10
2. 서언(1:1-4) _14
3. 빛 가운데 행하라(1:5-10) _19
4. 대언자와 그 계명(2:1-6) _25
5. 새로운 계명(2:7-11) _30
6. 요한일서를 기록한 동기(2:12-14) _33
7. 세상을 사랑치 말라(2:15-17) _35
8. 적그리스도(2:18-26) _39
9. 기름 부음을 받은 자의 지식(2:27-29) _47
10. 주님께 있는 자는 범죄치 않음(3:1-12) _50
11. 형제애의 본질(3:13-24) _65
12. 하나님의 영과 사탄의 영(4:1-6) _78
13. 서로 사랑하라(4:7-21) _84
14. 예수를 그리스도로 믿는 것(5:1-12) _101
15. 타인을 위해 기도하라(5:13-17) _118
16. 참된 그리스도인(5:18-21) _126

제2장 | 요한이서 ● 132

    1. 서론 _ 133
    2. 인사(1-3절) _ 135
    3. 사랑으로 행하라(4-6절) _ 139
    4. 거짓 교사를 경계하라(7-11절) _ 142
    5. 마지막 인사(12-13절) _ 149

제3장 | 요한삼서 ● 151

    1. 서론 _ 152
    2. 인사(1-4절) _ 153
    3. 순회 전도자를 후대함(5-8절) _ 157
    4. 디오드레베에 관하여(9-10절) _ 159
    5. 데메드리오를 본받으라(11-12절) _ 162
    6. 마지막 인사(13-15절) _ 164

제1장 요한일서

내용 분해

1:1-4	서언
1:5-10	빛 가운데 행하라
2:1-6	대언자와 그 계명
2:7-11	새로운 계명
2:12-14	요한일서를 기록한 동기
2:15-17	세상을 사랑치 말라
2:18-26	적그리스도
2:27-29	기름 부음을 받은 자의 지식
3:1-12	주님께 있는 자는 범죄치 않음
3:13-24	형제애의 본질
4:1-6	하나님의 영과 사탄의 영
4:7-21	서로 사랑하라
5:1-12	예수를 그리스도로 믿는 것
5:13-17	타인을 위해 기도하라
5:18-21	참된 그리스도인

1. 서론

1) 본 서신의 저자

초대 교회에서부터 사도 요한이 본 서신의 저자라고 전해지고 있다. 신앙, 사상 및 문체에 있어서 제4복음서와 극히 유사하다는 점으로 보아 본 서신은 요한복음과 요한계시록의 저자에 의해서 기록되었다고 충분히 여겨진다. 그래서 요한복음과 요한계시록이 사도 요한의 저작이라고 한다면 본 서신도 요한의 저작임에는 확실하다. 물론 이에 반대하는 학자들도 있으나 그들은 확정적 근거를 대지 못하고 있다.

2) 본 서신의 수신자(독자)

본 서신의 초두에나 마지막에 인사나 개인적인 소식이 없는 것으로 보아 요한일서가 서신이냐, 아니냐라는 논란이 있을 수 있겠으나 본 서신중에는 "아이들아," "사랑하는 자들아" 등 친애의 말이 많이 사용되어 있는 점으로 보아 저자는 독자와 친밀한 관계에 있었던 것임을 알 수 있다. 그리고 본 서신의 내용에서 그 당시 소아시아 등지에 대두했던 영지주의(Gnosticism)에 대한 논의와 경계가 있는 것을 보아, 사도 요한이 오래도록 목회하고 있던, 소아시아에 산재해 있는 여러 교회에 회신하도록 보내진 서신으로 보인다.

3) 본 서신의 내용과 목적

(1) 본 서신의 내용
① 영원한 생명이 되시는 그리스도를 소유한 그리스도인은 영생을 얻었음을 말함.
② 이 참 생명의 활동의 모습을 여실히 나타내고 있음.
③ 이 생명의 진리에 대하여 반대하는 적그리스도의 차별을 명확히 함.
④ 당시 소아시아 지방에 세력을 확장하고 있던 영지주의를 박격함.

* 영지주의

영지주의(Gnosticism)의 기원에 대해서는 학자에 따라서 다양하다. 영지주의는 페르시아의 이원론과 동양의 신비주의 종교와 바벨론의 점성술과 헬라 철학 그리고 그 이외에 제2세기에 통용했던 모든 사상 이론들을 총망라하여 혼합시켰다. 그래서 그 특징은 혼합주의(Syncretism)이다.

그 근간을 이루고 있는 것은 이원론(二元論)이다. 이원론이란, 우주의 원리가 영(靈)과 육(肉)으로 형성되어 있는데, 영(靈)은 선(善)이고 육(肉)은 악(惡)이라는 것이다. 영은 영원히 선하고, 육은 영원히 악하다. 그래서 영이 육이 될 수 없고, 육이 영이 될 수 없다는 이론이다.

이것을 기독론에 적용시키면 끔찍한 결과가 나타난다. 즉 영이신 하나님이 육이라는 악을 입을 수도 없고, 육이 될 수도 없다. 하나님을 인간에게 알리기 위해 오신 그리스도는 육체로 오시지 않는다. 그리스도의 몸은 진정한 의미의 신체적인 몸이 아니고 다만 몸을 가진 것처럼 보였을 뿐이다.

그리고 그리스도의 고난과 죽음은 참된 것이 아니었다. 왜냐하면 영이신 하나님께서 자신을 악과 물질의 파괴적 힘에게 굴복당하게 내어 버려 두지 않으실 것이기 때문이다. 그래서 영지주의자들은 가현설(假現說, Docetism)이라고 부르는 기독론을 가질 수 밖에 없었다. 이것은 희랍어 '도케오'(δοκέω, ~처럼 보인다)에서 유래된 말이다.

영지주의의 사상을 요약하면 다음과 같다.

① 인간 자신이 스스로의 직관에 의하여 하나님을 알 수 있다고 함.
② 사랑을 결여하고 있음.
③ 영육 이원론에 빠져 영을 존중하고 육을 경시하여 그 결과 금욕 은둔주의에 빠지게 되었다. 그것은 죄를 죄로 여기지 않는 것이다.
④ 예수 그리스도의 육체를 하나의 가현적 현상에 불과한 것으로 여기며, 육체로 오신 그리스도를 부인한다. 즉 성육신을 부인한다.
⑤ 그리스도는 세례를 받던 때부터 죽음 직전까지만 육체를 지니고 계셨다고 믿는다.

(2) 본 서신이 기록된 목적
① 당시 이단 사상인 가현설에 대해 경고(2:26).
② 영생에 대한 확신을 주기 위함(5:13).
③ 기쁨이 충만하게 하기 위함(1:4).
④ 이단 사상에 물들어 죄를 짓지 않도록 하기 위함.

4) 본 서신의 특징

① 생명의 속성인 빛, 생명, 의, 승리, 아가페, 믿음 등의 같은 단어의 반복이 많다.
② 문장 구조의 단순성.
③ 구약성경의 인용이 없다(3:12을 제외하고는).
④ 요한일서는 확신의 서신이다.
⑤ "우리가 안다"(오이다멘, οἴδαμεν, 기노-스코멘, γινώσκομεν)가 13회 사용되었고, 그와 관련된 단어까지 합치면 40개가 된다.

특별히 본 서신을 기록함에 있어서,
첫째, 그리스도의 영원한 신성(神性)을 강조한다.
둘째, 생명의 속성의 중요성을 말한다.
셋째, 그 생명의 속성과 대립적인 형식으로 연결하고 있다.
본 서신에는 이 세 가지 양식이 충만해 있는 것을 보게 된다. 본 서신은 신약성경 중에 가장 특이한 존재이며, 가장 심오한 사상을 가장 활발하게 서술하였다는 점을 그 특징으로 들 수 있다.

2. 서언(1:1-4)

1:1 "태초부터 있는 생명의 말씀에 관하여는 우리가 들은 바요 눈으로 본 바요 자세히 보고 우리의 손으로 만진 바라"(Ὃ ἦν ἀπ' ἀρχῆς, ὃ ἀκηκόαμεν, ὃ ἑωράκαμεν τοῖς ὀφθαλμοῖς ἡμῶν, ὃ ἐθεασάμεθα, καὶ αἱ χεῖρες ἡμῶν ἐψηλάφησαν περὶ τοῦ λόγου τῆς ζωῆς).

사도 요한은 이미 앞서 기록한 요한복음 1:1-14에서 말한 바 있는 **예수 그리스도로 오신 그 말씀**(호 로고스, ὁ λόγος), 곧 영원한 태초부터 하나님과 함께 계셨고, 참 하나님이시며, 만물의 창조자이시며, 참 빛으로 이 어두운 세상에 오시되 인간의 육체를 입고, 참 사람으로, 하나님의 독생자로 오신 그분을 말하고 있는 것이다.

"태초부터"(아프 아르케-스, ἀπ' ἀρχῆς): 창세기 1:1의 태초는 삼위일체 하나님이 천지 만물을 창조하시기 시작했던 그 시점을 의미하는 것이고, 사도 요한이 말하는 태초는 창조 행위 이전, 즉 영원 전의 태초를 의미한다.

"있는"(엔, ἦν): 이것은 '에이미'(εἰμί, 내가 있다, 나는 ~이다)의 미완료 과거형으로서 존재의 계속을 의미한다. 그러므로 로고스이신 그리스도는 영원 전부터 존재를 계속하고 있음을 의미하는 것이다.

"생명의 말씀에 관하여"(페리 투 로구 테스 조-에스, περὶ τοῦ λόγου τῆς ζωῆς): 사도 요한이 언급하려는 대상은 바로 "생명" 자체인 "말씀"이다. "생명, 즉 말씀"이고, "말씀, 즉 생명"이신 예수 그리스도에 관해 언급하려는 것이다. 이것은 사도 요한이 제4복음서와 본 서신에서 말하려는 중추이다.

"우리가 들은 바요, 눈으로 본 바요, 주목하고 우리 손으로 만진 바라"

(ὃ ἀκηκόαμεν, ὃ ἑωράκαμεν τοῖς ὀφθαλμοῖς ἡμῶν, ὃ ἐθεασάμεθα, καὶ αἱ χεῖρες ἡμῶν ἐψηλάφησαν): 복수 주격을 사용하여 사도 요한 한 사람만이 아니라 다른 제자들과 함께 직접적으로 육체적 오관을 통해 듣고, 보고, 집중적으로 주목해 보았고, 손으로 만져서 느껴 보기까지 했다는 것을 표현하고 있다. 이것은 제자들의 의심을 완전히 해소하고 확신을 준 실제적 체험이다.

그들은 예수님과 3년간이나 함께 생활해 보았고, 산상에서 변형되셨던 영광의 모습을 보고, 하나님의 음성을 들었던 경험이 있다(마 17:1-8). 그리고 부활하신 주님을 여러 차례나 만나서 대화하고, 음식을 같이 먹기도 하고, 직접 손을 내밀어 부활의 주님의 몸을 만져 보기까지도 했었다.

사도 요한이 이렇게 강조하는 이유는 예수가 하나님의 아들이요, 그리스도(메시아)로서 이 땅에 존재하였고, 십자가에 고난당하시고, 부활하시고 승천하신 일들이 결코 공허한 이야기가 아니라, 예수 그리스도의 육체적 실재성(實在性)을 강조하기 위함이었다. 다시 말하자면 그 당시 교회에 침투하여 예수 그리스도의 인성과 신성을 부정하려는 이단 사상인 영지주의의 가현설이 있었는데, 이러한 적 그리스도적 사상을 배격하기 위함이었다.

1:2 "이 생명이 나타내신 바 된지라 이 영원한 생명을 우리가 보았고 증거하여 너희에게 전하노니 이는 아버지와 함께 계시다가 우리에게 나타내신 바 된 자니라"(καὶ ἡ ζωὴ ἐφανερώθη, καὶ ἑωράκαμεν καὶ μαρτυροῦμεν καὶ ἀπαγγέλλομεν ὑμῖν τὴν ζωὴν τὴν αἰώνιον ἥτις ἦν πρὸς τὸν πατέρα καὶ ἐφανερώθη ἡμῖν).

이 생명은 영원한 생명인데, 앞 절에서 말한 바 "생명의 말씀"이신 예수 그리스도를 지칭하는 것이다. 그분이 "아버지와 함께 계시다가 우리에게 나타내신 바 된 자니라"라고 함은 하나님 아버지가 영원한 태초부터 함께 계시던 독생자를 하나님의 구원 계획에 의해 이 세상에 보내셨다는 "특별계시"를 말하는 것이다.

그래서 "나타내신 바 되었다"(에파네로데, ἐφανερώθη[원형: 파네로오, φανερόω, 빛으로 가져오다, 나타내다, 밝은 빛 안에 두다], 제1부정과거 수동태 3인칭 단수)라는 말은 지금까지 하나님 안에 감추어져 있던 하나님의 독생자가 나타내신 바 되었다. 곧 계시되었다는 의미이다. 이것은 기독교가 계시적 종교임을 말하며, 예수 그리스도의 성육신 탄생을 말하는 것이다.

"**우리가 증거하여 너희에게 전하노니**": 요한서신들에는 "증거"라는 말이 16회, "전한다"라는 말이 3회, 도합 19회나 사용되고 있다. 사도들이 실제적으로 체험한 "영원한 생명의 말씀"인 예수 그리스도를 증거하고 전하는 것은 예수 그리스도에게서 직접 받은 절대적 명령이요, 그들의 사명이다(마 28:19, 20; 행1:8).

"우리가 증거한다"(마르튀루멘, μαρτυροῦμεν)는 말과 "우리가 전한다"(아팡겔로멘, ἀπαγγέλλομεν)는 말은 현재형이다. 사도들은 증거하고 전하는 일을 쉬지 않고 계속했으며, 기독교의 역사는 이 증거와 전함의 연속이다. 그리고 이 길은 피를 흘리는 순교의 길이다. 그래서 헬라어의 "증인"(마르튀레스, μάρτυρες)이라는 말에서 영어의 'martyr'(순교자)라는 말이 나오게 된 것이다.

1:3 "우리가 보고 들은 바를 너희에게도 전함은 너희로 우리와 사귐이 있게 하려 함이니 우리의 사귐은 아버지와 그 아들 예수 그리스도와 함께 함이라"(ὃ ἑωράκαμεν καὶ ἀκηκόαμεν ἀπαγγέλλομεν καὶ ὑμῖν, ἵνα καὶ ὑμεῖς κοινωνίαν ἔχητε μεθ᾽ ἡμῶν· καὶ ἡ κοινωνία δὲ ἡ ἡμετέρα μετὰ τοῦ πατρὸς καὶ μετὰ τοῦ υἱοῦ αὐτοῦ Ἰησοῦ Χριστοῦ).

사도 요한이 "우리가 보고 들은 바"라고 체험적 사실을 가리키는 표현을 세 번씩이나 거듭 말하는 이유는 예수가 특별계시로 오신 하나님의 아들이심을 강조하려는 것이다. 물론 기독교의 신앙은 처음부터 체험으로 시작하고 있다. 귀로 듣고, 눈으로 보고, 주시하여 살펴 확인하고, 손으로 만져 봄으로써 육체의 오관과 정신적, 영적인 느낌을 구체화하여 확신하는 것이다.

사도 요한이 여기에서 사용한 "사귐"(코이노니아, κοινωνία)이란 말은 "영적 교제"를 뜻한다. 즉 사도들이 전하는 복음을 듣는 자들이 믿음으로 사죄(赦罪)와 중생과 구원의 은혜를 얻음으로 새로운 피조물이 되고, 하나님의 자녀가 됨으로써 사도들과 동등하게 신앙 안에서 영적 교제를 갖게 됨을 말하는 것이다. 이 영적 교제는 더 나아가 하나님 아버지와 독생자 예수 그리스도와 함께 하는 교제가 되는 것이다. 이 교제야말로 인간이 체험할 수 있는 축복 중에 최고의 축복이 된다. 그러므로 복음을 전한다는 것이 얼마나 귀하고 중요하다는 것을 알게 된다.

하나님과 예수 그리스도와의 영적 교제를 가진 자만이 구원받은 성도들과 영적 교제를 가질 수 있게 되는 것이다. 이 영적 교제에 들어온 자들은 모두가 그리스도를 머리로 한 하나의 몸을 이루게 되는 것이다. 곧 영적 유기체가 되는 것이다. 이것이 그리스도의 몸인 교회이다. 여기에는 성령의 법이 지배한다. 그러나 하나님과 그리스도와의 영적 교제를 체험함이 없이 인위적인 인간 관계을 강조하는 것은 기독교의 교제, 즉 코이노니아가 아니라, 다만 사회적 교제인 사교(社交)일 뿐이다.

1:4 "우리가 이것을 씀은 우리의 기쁨이 충만케 하려 함이로라"(καὶ ταῦτα γράφομεν ἡμεῖς ἵνα ἡ χαρὰ ἡμῶν ᾖ πεπληρωμένη).

영생과 교제와 기쁨은 복음 안에서 전적으로 상호 관계를 갖고 있다. 이 말씀은 우리에게 요한복음 15:11의 말씀, "내가 이것을 너희에게 이름은 내 기쁨이 너희 안에 있어 너희 기쁨을 충만하게 하려함이니라"를 상기케 한다.

예수를 하나님의 아들로 믿는 것(요일 5:5), 참 생명이 육체를 입고 오심(성육신)을 믿는 것(요일 4:2), 그리고 생명의 말씀인 주 예수 그리스도와 영적 교제에 들어가는 것, 여기에는 신비스러운 영적 기쁨이 있다. 그리고 이 이상의 기쁨은 없는 것이다. 이러한 신앙에 들어가므로 인간의 생활은 완전히 변화되는 것이다. 사도 요한의 전도와 증거의 목적은 이 기쁨에 들어가게 하려는 것이다.

이그나티우스(Ignatius, 1491-1556)는 "허물없는 사랑과 기쁨 안에서 공동으로 하나의 기도와 하나의 간구와 하나의 마음으로 기도하게 하라"라고 기록하고 있다.

사도 요한의 의도는 성도가 예수 그리스도의 뜻을 따라 예수님이 주시는 그 영적 기쁨이 충만하여 항상 그 안에서 사는 것이다. 그래서 사도 바울도 "항상 기뻐하라"(빌 4:4; 살전 5:16)라고 같은 뜻으로 말하고 있다.

3. 빛 가운데 행하라(1:5-10)

1:5 "우리가 저에게 듣고 너희에게 전하는 소식이 이것이니 곧 하나님은 빛이시라 그에게는 어두움이 조금도 없으시니라"(Καὶ ἔστιν αὕτη ἡ ἀγγελία ἣν ἀκηκόαμεν ἀπ᾽ αὐτοῦ καὶ ἀναγγέλλομεν ὑμῖν, ὅτι ὁ θεὸς φῶς ἐστίν, καὶ σκοτία ἐν αὐτῷ οὐκ ἔστιν οὐδεμία).

사도 요한을 비롯하여 모든 사도들이 그리스도에게서 들은 대로 전하고 증거하는 복음의 명제는 "하나님은 빛이시라"이다. 이 명제는 하나님의 속성을 가장 근본적이고도, 가장 적절하게 표현한 것이라 할 수 있다.

우리는 하나님의 속성에 대하여 비공유적 속성으로는 자존성, 불변성, 무한성, 절대적 완전성, 영원성, 무변성, 단순성을 말하고, 보편적 속성으로는 하나님은 영이시고, 전지하시고, 지혜가 무궁하시고, 선이시고, 사랑이시고, 거룩하시고, 의로우시고, 진실하시고, 절대적 의지를 가지신 분이라고 표현한다.

이와 같은 하나님의 모든 속성들이 합하여 일대광휘(一大光輝)가 되는 것이다. 그리고 하나님의 독생자 예수 그리스도 자신을 "빛," "참 빛"(요 1:4, 5, 9)이라고 증언하고 있다. 이 빛에 의하여 모든 어두움의 속성을 지니고 있는 불의, 사악, 허위, 더러움들이 드러나게 되는 것이다. 그러므로 빛과 어두움이 교류할 수 없고, 빛에 속한 자가 어두움에 속한 자들과 사귈 수 없는 것이다.

그리고 "그에게는 어두움이 조금도 없으시니라"라는 말을 직역하면 "하나님에게는 어두움이 하나도, 전혀 없으시다"고 할 수 있다. 헬라어 본문에는 '우크'(οὐκ), '우데미아'(οὐδεμία)라고 이중적 부정(否定)

표현은 강한 부정을 뜻한다.

그리고 본문에서 하나님을 "빛"이라고 증거하고, 또한 요한복음 1장에서는 예수 그리스도를 가리켜 "빛"이라고 증거하고 있다는 것은 둘이 동일한 속성을 지니고 있음을 말해 주고 있는 것이다. 우리는 여기에서 하나님과 예수 그리스도, 즉 성부 하나님과 성자 하나님이 "동일본질"(同一本質, 호모우시오스, ὁμοούσιος)이심을 확인하게 된다.

> **1:6** "만일 우리가 하나님과 사귐이 있다 하고 어둠에 행하면 거짓말을 하고 진리를 행하지 아니함이거니와"(Ἐὰν εἴπωμεν ὅτι κοινωνίαν ἔχομεν μετ' αὐτοῦ, καὶ ἐν τῷ σκότει περιπατῶμεν, ψευδόμεθα, καὶ οὐ ποιοῦμεν τὴν ἀλήθειαν).

6-10절 사이에 매 절마다 '에안'(εαν, 만일)이란 단어가 사용되어, 모두 5회나 쓰여있다.

하나님과 영적인 교제를 하고 있다고 형식적으로 말을 하고, 고백하고, 간증하고, 자랑하고, 활동하면서도, 실제적으로는 빛 안에 있지 못하고, 어두움의 속성인 불의, 사악, 허위, 더러움 속에 있다면, 그 사람은 거짓말을 하고 있는 것이다. 이 거짓은 스스로 자아를 속이는 것이며, 교회를 속이는 것이고, 거룩하신 하나님을 속이고 있는 것이다. 왜냐하면 하나님과 사귐이 있다는 것은 이미 "빛"이신 하나님 안에 있음을 의미하기 때문이다.

"빛" 안에 있는 자는 과거의 "어두움"에서 완전히 떠나 결별되어 있고, "빛"의 속성을 지니고, 도덕적으로도 "빛"의 자녀답게 살게 되기 때문이다. 그러므로 아직 "어두움" 가운데 행하는 자는 "진리"를 행할 수 없는 것이다.

그런 사람은 아직 예수 그리스도의 십자가의 피로 속죄함을 받지 못한 것이고, 성령으로 거듭나지 못한 것이다. 아직 구원받지 못한 것이며, 그리스도에게 속한 자가 아니다.

1:7 "그가 빛 가운데 계신 것 같이 우리도 빛 가운데 행하면 우리가 서로 사귐이 있고 그 아들 예수의 피가 우리를 모든 죄에서 깨끗하게 하실 것이요"(ἐὰν δὲ ἐν τῷ φωτὶ περιπατῶμεν, ὡς αὐτός ἐστιν ἐν τῷ φωτί, κοινωνίαν ἔχομεν μετ' ἀλλήλων, καὶ τὸ αἷμα Ἰησοῦ τοῦ υἱοῦ αὐτοῦ καθαρίζει ἡμᾶς ἀπὸ πάσης ἁμαρτίας).

한글 개역개정 성경의 본 절에서는 "만일"이란 단어의 번역이 생략되어 있다. 본 절은 앞 절과는 반대로 만일 우리가 영적으로나 도덕적으로도 하나님의 빛 가운데 행한다면 다음 2가지의 결과가 있을 것을 말하고 있다.

첫째, 성령으로 거듭난 성도는 상호 간에 영적 교제가 있다. 왜냐하면 그리스도 안에서 한 몸을 형성하고 있기 때문이다.

둘째, 십자가 상에서 흘리신 예수 그리스도의 대속의 피가 우리 각자의 모든 죄를 계속적으로 깨끗하게 하여 주고 있다. '카다리제이'(καθαρίζει)는 현재형으로서 "깨끗하게 한다"는 뜻이다. 그래서 성도(聖徒)들은 날마다 성령의 도우심을 받으며, 아직 뿌리까지 뽑지 못한 죄의 경향성을 극복하면서 성화(聖化)의 단계를 향상해 가고 있는 것이다.

1:8 "만일 우리가 죄가 없다고 말하면 스스로 속이고 또 진리가 우리 속에 있지 아니할 것이요"(ἐὰν εἴπωμεν ὅτι ἁμαρτίαν οὐκ ἔχομεν, ἑαυτοὺς πλανῶμεν καὶ ἡ ἀλήθεια οὐκ ἔστιν ἐν ἡμῖν).

그리스도인이 자기를 가리켜 "나는 그리스도의 피로 속죄받았으니, 죄가 없다"라고 말한다면 그는 스스로 자기를 속이는 것이고, 성령을 속이고, 그리스도를 속이는 것이다. '프라노-멘'(πλανῶμεν, 속인다)는 말은 "길을 잃고 헤맨다," "그릇된 길로 빠진다"는 뜻이 있다. 이런 사람은 이미 성경의 진리에서 떠나 있는 사람이다. 야고보 장로도 "자신을 속이는 자가 되지 말라"(약 1:22)라고 했다.

기독교 종교는 죄를 지은 바가 있는 죄인들의 종교이다. 비록 죄 사함을 얻었고 구원을 얻었다 해도 아직도 죄의 경향성은 남아있는 것이며, 그 죄와의 투쟁이 계속되고 있는 것이다(롬 7:17-24). 그러므로 "나에게는 죄가 없다"라고 말하는 사람은 스스로 속이는 자가 되는 것이며, 그의 마음속에는 "하나님의 말씀"이 없는 것이다.

그리스도인의 생활이란 끊임없는 자기 회개의 삶이어야 하고, 죄를 억제하기 위해 겸손해야 한다. 속죄주(贖罪主)에 대한 신앙과 감사와 사랑이 계속되어야 하고, 궁극적으로 죄가 영원히 없어지는 영광스러운 구속의 날을 기쁨으로 학수고대하는 것이다.

1:9 "만일 우리가 우리 죄를 자백하면 그는 미쁘시고 의로우사 우리 죄를 사하시며 우리를 모든 불의에서 깨끗하게 하실 것이요" (ἐὰν ὁμολογῶμεν τὰς ἁμαρτίας ἡμῶν, πιστός ἐστιν καὶ δίκαιος, ἵνα ἀφῇ ἡμῖν τὰς ἁμαρτίας καὶ καθαρίσῃ ἡμᾶς ἀπὸ πάσης ἀδικίας).

- **'호모로구-멘'**(ὁμολογῶμεν, 원형: 호모로게오, ὁμολογέω, 자백하다, 고백하다, 하나님의 말씀에 동의하다): 현재 가정법 능동태 1인칭 복수.
- **'아훼'**(ἀφῇ, 원형: 아휘에-미, ἀφίημι, 멀리 보내다, 떠나게 하다): 제2부정과거 가정법 능동태 3인칭 단수.
- **'카다리세'**(καθαρίσῃ, 원형: 카다리조, καθαρίζω, 깨끗하게 하다): 제1부정과거 가정법 능동태 3인칭 단수.

본 절은 7절보다 더 구체적이다. 그리스도 안에서의 사죄(赦罪)는 단지 죄의 인식이나 후회만으로 되는 것이 아니라, 하나님 앞에 죄를 진실하게 고백하는 것이다. 하나님의 빛 가운데 행하는 신자는 죄를 범할 경우, 하나님의 진리의 말씀의 빛이 비춰어 밝히 드러내기 때문에 숨길 수가 없다. 죄를 지적하시는 말씀에 동의하여 고백하게 된다.

진실한 회개는 하나님의 말씀이 지적하는 죄들에 대해 동의하여 정직하게 고백하고, 지금까지 세상으로 향하던 인생의 방향을 하나님께로 돌이키고, 하나님의 말씀을 따라 하나님을 향해 나아가는 것이다.

- **'피스토스'**(πιστός): 형용사로서 "미쁘다"는 의미이다. 명사형인 '피스티스'(πίστις)는 믿음, 확고한 신념, 확신, 보증, 정직성, 진실성 등의 의미를 지니고 있다.
- **'디카이오스'**(δίκαιος): 형용사로서 "의롭다"는 의미이다. 명사형은 '디케'(δικη)로서 옳음, 정의 등의 의미가 있으며, 신약성경에서는 공의로운 심판, 복수라는 뜻으로 사용되었다.

"미쁘시고 의로우사": 하나님께서는 죄를 고백하는 자의 죄, 즉 원죄(original sin)와 자범죄(actual sin)를 예수 그리스도의 십자가의 피로 속죄해 주시고, 동(東)에서 서(西)가 먼 것같이 우리의 죄를 옮겨 주신다. 무죄(無罪)를 선언해 주시고, 의(義)롭다고 인정하여, 의롭다고 불러 주시는(稱義, 칭의) 것이다. 이 순간 우리는 하나님의 자녀로 거듭나게 되는 것이다. 이것은 구원에 이르는 속죄의 언약이다.

그리고 우리가 하나님의 자녀로서 살아가는 동안 죄를 짓게 될 때 매 순간마다 그 죄들을 고백하면, 모든 불의들(파세스 아디키아스, πάσης ἀδικίας, 불의, 허물, 악, 거짓, 속임)에서부터 깨끗하게 해주신다는 사죄의 언약이다. 이 언약은 하나님의 자녀들에게 주어진 영원불변의 언약이다. 이 깨끗하게 됨은 성도의 성화(聖化, sanctification)가 완성되고, 영화(榮化, glorification)의 단계에 이르기까지 지속되어야 할 것이다.

1:10 "만일 우리가 범죄하지 아니하였다 하면 하나님을 거짓말하는 이로 만드는 것이니 또한 그의 말씀이 우리 속에 있지 아니하니라"(ἐὰν εἴπωμεν ὅτι οὐχ ἡμαρτήκαμεν, ψεύστην ποιοῦμεν αὐτὸν καὶ ὁ λόγος αὐτοῦ οὐκ ἔστιν ἐν ἡμῖν).

- **'헤-말테카멘'**(ἡμαρτήκαμεν, 원형: 하말타노, ἁμαρτάνω, 내가 범죄하다): 완료형 1인칭 복수.
- **'푸슈스텐'**(ψεύστην): 거짓말 하는 자.

하나님의 말씀인 성경에는 "의인은 없나니 하나도 없다"(롬 3:10; 시 14:1-4), "모든 사람이 죄를 범하였으므로 사망이 모든 사람에게 이르렀느니라"(롬 5:12, 23)라고 선언한다.

그러므로 죄의 피를 이어받아, 생래적으로 죄 가운데 태어난 인생 가운데 그 누가 "나는 죄가 없다"고 말할 수 있겠는가?

만일에 그런 말을 하는 자가 있다면 그는 "만인은 죄인이라"고 성경에 선언하신 하나님을 거짓말하는 분으로 만드는 것이 된다. 또한 그렇게 하는 것은 그 자신 안에는 하나님의 말씀이 있지 않다는 증거가 되는 것이다. 만약에 우리의 마음에 하나님의 말씀이 있다면, 그 말씀이 빛으로 역사하여 어두운 마음속을 환히 밝혀 지금까지 숨어 있던 죄들을 모두 드러낼 것이다. 그러므로 하나님의 말씀이 있는 자는 "범죄하지 아니했다"고 말할 수 없는 것이다.

그러나 세상에는 도덕적으로나, 종교적으로 경건하고 흠이 없게 살려고 노력하는 사람들 중에 자신의 순결을 주장하고, 무죄를 주장하는 사람들이 있다. 물론 사회적 규범에 어긋남이 없고, 양심에 가책을 입지 않고 살 수는 있을 것이다. 그렇지만 인간의 본질적인 면을 들여다본다면 거기에는 지금까지 발견치 못했던 수많은 죄악이 은폐되어 있는 것을 발견하게 될 것이다. 그것을 가능케 하는 것은 오직 하나님의 말씀이다.

4. 대언자와 그 계명(2:1-6)

2:1 "나의 자녀들아 내가 이것을 너희에게 씀은 너희로 죄를 범하지 않게 하려 함이라 만일 누가 죄를 범하여도 아버지 앞에서 우리에게 대언자가 있으니 곧 의로우신 예수 그리스도시라"(Τεκνία μου, ταῦτα γράφω ὑμῖν ἵνα μὴ ἁμάρτητε. καὶ ἐάν τις ἁμάρτῃ, παράκλητον ἔχομεν πρὸς τὸν πατέρα Ἰησοῦν Χριστὸν δίκαιον).

사도 요한은 이 서신을 받는 성도들을 향해 "나의 자녀들아"라고 부르고 있다. 이것은 사도 요한과 독자들 사이에 신앙적으로 부자(父子)의 관계를 맺어, 아버지가 자녀를 부르는 애칭이다. 이 호칭 한 가지만 보아도 목자와 성도 사이에 예수 그리스도를 매개로하여 얼마나 돈독한 사랑의 관계가 맺어지는지를 짐작할 수 있다. 현실적으로 오늘날 기독교 지도자들과 목회자들 그리고 신자들과의 사이에 이러한 관계가 이루어지고 있는가를 자성해 보아야 할 것이다.

사도 요한이 이렇게 기록하는 목적은 "사랑하는 자녀들"로 하여금 죄를 범하지 않게 하기 위해서이다. 그런데 만일 누가 죄를 범하면 그 죄에 대하여 정죄하시고 심판하실 하나님 아버지 앞에서 변호해 주실 대언자가 계심을 말하고 있다.

'파라크레-토스'(παράκλητος, 대언자)는 다른 사람을 위해 부름을 받거나, 보냄을 받은 자라는 뜻이다. 곧 변호자이다.

하나님의 아들이신 예수 그리스도께서 하나님 앞에서 의로운 대언자가 되어 우리를 위해 변호해 주시는 것이다. 여기에서 말하는 "우리"는 믿음으로 의롭다 함을 얻고, 성령으로 변화되어, 그리스도와 신비적 연합(무스티코스 숨푸토스, μυστικός σύμφυτος)이 이루어져 있는 신자들을 뜻하는 것이다.

이런 신자들은 하나님 앞에서 사죄(赦罪)와 칭의(稱義)의 상태에 이미 들어가 있기 때문에 구원자이신 예수 그리스도께서 하나님의 보좌 오른 편에서 영원히 변호자가 되어 주시는 것이다. 그러므로 "우리"는 대속자와, 대언자를 동시에 얻은 자들이 되는 것이며, 우리의 구원은 완전, 영원불변한 것임을 깨닫게 된다.

2:2 "그는 우리 죄를 위한 화목 제물이니 우리만 위할 뿐 아니요 온 세상의 죄를 위하심이라"(καὶ αὐτὸς ἱλασμός ἐστιν περὶ τῶν ἁμαρτιῶν ἡμῶν, οὐ περὶ τῶν ἡμετέρων δὲ μόνον ἀλλὰ καὶ περὶ ὅλου τοῦ κόσμου).

· **'히라스모스'**(ἱλασμός): 화해와 속죄를 위한 제물.

예수 그리스도의 존재는 죄로 원수된 하나님과 인간 사이에 화해를 이루기 위한 대속제물로서의 오심이다.

> 오직 그리스도는 죄를 위하여 한 영원한 제사를 드리시고 하나님 우편에 앉으사 그 후에 자기 원수들을 자기 발등상이 되게 하실 때까지 기다리시나니 그가 거룩하게 된 자들을 한 번의 제사로 영원히 온전하게 하셨느니라(히 10:12-14).

예수 그리스도의 십자가의 죽으심은 하나님께 드리는 속죄와 화해를 위한 영원한 제사를 단번에 완성하신 것이다(히 9:12). 우리의 화목제물이 되시는 예수 그리스도를 믿는 자는 누구든지 그 믿음으로 화해의 효력을 받는 것이다.

"우리"라 함은 이미 믿음으로 속죄함을 받고 하나님과 화목된 성도들을 가리킴이다.

그리고 "온 세상의 죄를 위하심이라"라고 함은 아담 이후 장차 세상 끝 날에 이르기까지 이 세상에 존재하는 모든 인간들의 죄들을 위한 제물이 되심을 의미하는 것이 아니라, 영원한 전에 하나님께서 기뻐하시는 뜻을 따라 구원하시기로 예정하시고, 선택하신 그 사람들의 죄들을 위한 속죄와 화목제물이 되신다는 의미이다.

2:3-4 "우리가 그의 계명을 지키면 이로써 우리가 그를 아는 줄로 알 것이요 그를 아노라 하고 그의 계명을 지키지 아니하는 자는 거짓말하는 자요 진리가 그 속에 있지 아니하되"(καὶ ἐν τούτῳ γινώσκομεν ὅτι ἐγνώκαμεν αὐτόν, ἐὰν τὰς ἐντολὰς αὐτοῦ τηρῶμεν. ὁ λέγων ὅτι Ἔγνωκα αὐτόν, καὶ τὰς ἐντολὰς αὐτοῦ μὴ τηρῶν, ψεύστης ἐστίν, καὶ ἐν τούτῳ ἡ ἀλήθεια οὐκ ἔστιν).

- **'테-로-멘'**(τηρῶμεν, 원형: 테-레오, τηρέω, 주의하여 지키다): 현재 가정법 1인칭 복수.
- **'에그노-카'**(Ἔγνωκα, 원형: 기노-스코, γινώσκω, 내가 안다): 완료형 1인칭 단수.

만약에 우리가 예수 그리스도의(그의) 계명을 지킨다면 이것으로써 우리가 예수를 알고 있다는 것이 증명이 되는 것이다. 그리스도의 계명을 지킨다고 말하면서, 실제적으로는 그의 계명들을 지키지 않는 자는 거짓말 하는 자이다. 그리고 이런 사람 안에는 진리가 존재하지 않는다. 예수 그리스도를 이미 알았다고 말하면서 실제적으로는 그의 계명을 지키지 않는 사람은 스스로 거짓말 하는 사람이요, 그 속에는 진리가 없는 것이다.

그러면 그리스도께서 명하신 계명은 무엇인가?

그것은 "사랑"이다(마 22:37-40; 요 13:34). 하나님을 사랑하고 그리스도를 사랑하는 것이다. 그리고 이웃을 사랑하는 것이다. 특히 본 절에서 말하는 계명은 예수 그리스도에 대한 사랑을 뜻하는 것이다. 진실로 예수 그리스도에 대한 사랑은 그의 계명을 지킴으로 증명되는 것이며, 또한 그에 대한 지식도 마찬가지이다. 사랑이 없는 지식은 참 지식이 아니기 때문이다.

구약 시대에도 거짓 선지자들이 존재했듯이, 신약 시대에도 초대 교회 시대부터 거짓 선지자, 거짓 교사, 적그리스도가 교회 안에 침투해 있었다. 특히 영지주의자들은 하나님을 아노라 하면서 예수의 동정녀 탄생(성육신)을 부정하고, 하나님의 계명을 무시하였다. 거짓 교사, 거짓 선지자, 그리고 적그리스도적 사상에 의해 기독교의 진리가 얼마나 많이 피해를 입었으며, 신앙에 동요를 얼마나 많이 주었던가를 우리가 알고 경계해야 할 것이다.

2:5-6 "누구든지 그의 말씀을 지키는 자는 하나님의 사랑이 참으로 그 속에서 온전하게 되었나니 이로써 우리가 그의 안에 있는 줄을 아노라 그의 안에 산다고 하는 자는 그가 행하시는 대로 자기도 행할지니라"(ὃς δ' ἂν τηρῇ αὐτοῦ τὸν λόγον, ἀληθῶς ἐν τούτῳ ἡ ἀγάπη τοῦ θεοῦ τετελείωται. Ἐν τούτῳ γινώσκομεν ὅτι ἐν αὐτῷ ἐσμέν. ὁ λέγων ἐν αὐτῷ μένειν ὀφείλει καθὼς ἐκεῖνος περιεπάτησεν καὶ αὐτὸς οὕτως περιπατεῖν).

- '테테레이오-타이'(τετελείωται, 원형: 테레이오오-, τελειόω, 실행하다, 달성하다, 완성하다): 완료 수동태 3인칭 단수.
- '오훼이레이'(ὀφείλει, 원형: 오훼이로, ὀφείλω, 빚을 갚아야 하다, 굴레를 지다): 현재 3인칭 단수.
- '페리에파테-센'(περιεπάτησεν, 원형: 페리파테오, περιπατέω, 행하다): 제1부정과거 3인칭 단수.

예수 그리스도의 말씀을 지키는 사람은 진실로 그 속에서 하나님의 사랑이 완성되는 것이다. 곧 하나님의 사랑의 완성은 그리스도인 각자가 그리스도의 계명을 지킴에 있다. 이것이 바로 그가 그리스도 안에 있다는 증거가 되는 것이다. 그러므로 그리스도인은 반드시 그리스도를 본받아 실천해야 함을 강조하고 있다.

구원 얻은 그리스도인에게는 그 믿음에 따른 실천 생활이 있어야 한다. 그래서 "행함이 없는 믿음은 죽은 것이니라"(약 2:26)라고 행위를 강조하고 있다. 믿음은 말씀에 대한 순종이라는 행위로 나타날 때, 온전해지는 것이다. 예수님 자신도 거짓 선지자와 참 선지자의 식별은 "그 열매로 그들을 안다"(마 7:15, 16)라고 하셨다.

> 나더러 주여 주여 하는 자마다 다 천국에 들어갈 것이 아니요 다만 하늘에 계신 내 아버지의 뜻대로 행하는 자라야 들어가리라(마 7:21).

5. 새로운 계명(2:7-11)

2:7-8 "사랑하는 자들아 내가 새 계명을 너희에게 쓰는 것이 아니라 너희가 처음부터 가진 옛 계명이니 이 옛 계명은 너희가 들은 바 말씀이거니와 다시 내가 너희에게 새 계명을 쓰노니 그에게와 너희에게도 참된 것이라 이는 어둠이 지나가고 참빛이 벌써 비침이니라"(Ἀγαπητοί, οὐκ ἐντολὴν καινὴν γράφω ὑμῖν, ἀλλ' ἐντολὴν παλαιὰν ἣν εἴχετε ἀπ' ἀρχῆς· ἡ ἐντολὴ ἡ παλαιά ἐστιν ὁ λόγος ὃν ἠκούσατε. πάλιν ἐντολὴν καινὴν γράφω ὑμῖν, ὅ ἐστιν ἀληθὲς ἐν αὐτῷ καὶ ἐν ὑμῖν, ὅτι ἡ σκοτία παράγεται καὶ τὸ φῶς τὸ ἀληθινὸν ἤδη φαίνει).

하나님을 사랑하는 것이 하나님의 계명을 지키는 것이다. 그리고 하나님의 계명을 지킨다는 것은 하나님을 사랑하는 증거가 된다.

사도 요한이 쓰는 것은 새로운 계명이 아니라 옛 계명인데, 이것은 일찍이 모세를 통해서 주신 계명을 의미한다. 그 계명의 중심 사상은 첫째, 하나님을 사랑하고, 둘째, 이웃을 사랑하는 것이다.

8절에서 '파린'(πάλιν, 또다시, 다른 한편)이란 말로 시작하면서, 그 옛 계명이 지금 사도 요한이 쓰는 새 계명이라고 말하고 있다.

그 옛 계명이 바로 새 계명이라고 말하는 이유는 참 빛이신 예수 그리스도께서 오셔서, 그 빛을 비춰어, 그 참 빛의 속성인 완전한 사랑을 나타내었기 때문이다. 환언하자면 옛 계명인 모세의 계명의 중심과 새 계명인 사도 요한이 쓰는 계명의 중심도 동일하게 예수 그리스도이시기 때문이다. 예수 그리스도는 구약과 신약의 중심이시며, 그 중핵(中核)은 '아가페'(ἀγάπη)이다. 그 사랑이 구체적으로 나타난 것이 십자가의 대속의 죽음이요, 생명의 부활이다. 그리고 이것이 어두움의 권세와 죄악의 권세를 완전히 승리한 증거이다.

유한한 인간의 시간에 대한 개념으로는 옛것과 새것의 차이가 있으나 영원하신 하나님에게는 그러한 개념의 차이가 없이 항상 현재이다. 그러므로 옛 계명과 새 계명은 한 하나님이 주신 동일한 계명이다.

2:9 "빛 가운데 있다 하면서 그 형제를 미워하는 자는 지금까지 어둠에 있는 자요"(ὁ λέγων ἐν τῷ φωτὶ εἶναι, καὶ τὸν ἀδελφὸν αὐτοῦ μισῶν, ἐν τῇ σκοτίᾳ ἐστὶν ἕως ἄρτι).

예수를 믿고 구원 얻었다고 말하면서, 계명을 지킨다고 말하면서, 하나님을 사랑한다고 말하면서, 성령을 받았다고 말하면서 자기의 형제(친 형제, 교회 안에 형제, 이웃의 형제)를 미워(증오)하는 자는 지금까지도 구원받지 못한 상태에, 계명을 지키지 못하는 상태에, 하나님을 사랑하지 못하고 있는 상태에 있는 자이다.

2:10 "그의 형제를 사랑하는 자는 빛 가운데 거하여 자기 속에 거리낌이 없으나"(ὁ ἀγαπῶν τὸν ἀδελφὸν αὐτοῦ ἐν τῷ φωτὶ μένει, καὶ σκάνδαλον ἐν αὐτῷ οὐκ ἔστιν).

· **'스칸다론'**(σκάνδαλον): 거리낌, 걸림돌, 장애물.

자기 형제를 사랑하는 자는 빛 가운데 머무는 자로서, 빛의 비춰임을 받으며 살기 때문에 걸림돌과 장애물이 있을 수 없다. 사랑은 미움을 이기고, 사랑은 신앙의 증거이다. 어두움의 세력이 아무리 강하게 공격을 해 와도 마음에 거리낌이 없으므로 담대할 수 있다.

2:11 "그의 형제를 미워하는 자는 어둠에 있고 또 어둠에 행하며 갈 곳을 알지 못하나니 이는 그 어둠이 그의 눈을 멀게 하였음이라"(ὁ δὲ μισῶν τὸν ἀδελφὸν αὐτοῦ ἐν τῇ σκοτίᾳ ἐστὶν καὶ ἐν τῇ σκοτίᾳ περιπατεῖ, καὶ οὐκ οἶδεν ποῦ ὑπάγει, ὅτι ἡ σκοτία ἐτύφλωσεν τοὺς ὀφθαλμοὺς αὐτοῦ).

자기 형제를 의식적으로 증오하는 자는 영적으로는 암흑 가운데 있으며, 앞을 전혀 보지 못하는 인생이 되어 있기 때문에 어느 방향으로, 어떻게 나아가야 할지를 알지 못한다. 그는 사랑이라는 빛, 곧 참빛이신 예수 그리스도의 영, 성령을 받지 못했기 때문에 그 영혼의

눈이 완전히 맹목이 되어 있다. 즉 죄가 그로 하여금 소경이 되게 했기 때문이다.

사랑이 없는(결여된) 방언, 예언, 능력, 구제, 희생은 아무것도 아니라고 말씀하고 있다(고전 13:1-3). 사람들은 사랑하지도 않고, 미워하지도 않는 무관심이라는 중간 상태가 있다고 말한다. 그러나 성경이 말하고, 사도 요한이 말하는 사랑이란 성령으로 중생한(거듭난) 신앙인이 맺어야 하는 성령의 열매인 사랑(갈 5:22), 즉 예수 그리스도께서 십자가 상에서 나타내셨던 그러한 성질의 사랑이다.

그러므로 참 사랑이 무엇인지를 아는 사람은 사랑이 없는 상태와 미움의 상태 사이에 아무런 본질적인 차이가 없음을 알 것이다. 생명이 없는 곳에 죽음이 있듯이, 생명도 죽음도 없는 상태는 실로 존재하지 않는다. 마찬가지로 빛이 없는 곳에는 어두움이 있기 마련이다. 빛도 없고 어두움도 없는 상태란 존재하지 않는다. 비록 신앙이 적고, 성령의 열매인 사랑이 적다해도, 순수하고 진실하다면 그 자체가 절대적 가치가 있는 것이다.

6. 요한일서를 기록한 동기(2:12-14)

2:12 "자녀들아 내가 너희에게 쓰는 것은 너희 죄가 그의 이름으로 말미암아 사함을 받았음이요"(Γράφω ὑμῖν, τεκνία, ὅτι ἀφέωνται ὑμῖν αἱ ἁμαρτίαι διὰ τὸ ὄνομα αὐτοῦ).

2:13 "아비들아 내가 너희에게 쓰는 것은 너희가 태초부터 계신 이를 알았음이요 청년들아 내가 너희에게 쓰는 것은 너희가 악한 자를 이기었음이라"(γράφω ὑμῖν, πατέρες, ὅτι ἐγνώκατε τὸν ἀπ' ἀρχῆς· γράφω ὑμῖν, νεανίσκοι, ὅτι νενικήκατε τὸν πονηρόν).

2:14 "아이들아 내가 너희에게 쓴 것은 너희가 아버지를 알았음이요 아비들아 내가 너희에게 쓴 것은 너희가 태초부터 계신 이를 알았음이요 청년들아 내가 너희에게 쓴 것은 너희가 강하고 하나님의 말씀이 너희 안에 거하시며 너희가 흉악한 자를 이기었음이라"(ἔγραψα ὑμῖν, παιδία, ὅτι ἐγνώκατε τὸν πατέρα· ἔγραψα ὑμῖν, πατέρες, ὅτι ἐγνώκατε τὸν ἀπ' ἀρχῆς· ἔγραψα ὑμῖν, νεανίσκοι, ὅτι ἰσχυροί ἐστε καὶ ὁ λόγος τοῦ θεοῦ ἐν ὑμῖν μένει καὶ νενικήκατε τὸν πονηρόν).

12-14절에는 4가지 호칭이 있다. 곧 "자녀들아," "아비들아," "청년들아," "아이들아"이다.

"**자녀들아**"(테크니아, τεκνία): 2:1의 "나의 자녀들아"와 마찬가지로 예수 그리스도를 믿고 속죄의 은혜로 구원받은 신자 일반을 지칭한다.

"**아비들아**"(파테레스, πατέρες): 신앙생활의 연조가 오래되고, 교회 안에서 일반 신자들에게 모범이 되어야 할 위치에 있는 사람들을 지칭한다.

"**청년들아**"(네아니스코이, νεανίσκοι): 신앙적으로 청년답게 죄악의 유혹을 이기고, 이단 사상에 넘어가지 않고, 기독교의 진리와 믿음을 지키는 신자들을 말함이다.

"**아이들아**"(파이디아, παιδία): 신앙생활의 연조가 어리지만 참된 신지식(神知識)을 소유하고 굳게 서 있는 신자들을 말함이다.

그리고 12절과 13절에는 "내가 쓰다"(그라포, γράφω[현재형])라는 말이 3회 사용되었고, 14절에는 "내가 썼다"(에그라파, ἔγραψα[과거형])가 3회 사용되었다. 이것은 사도 요한이 기독교에 대한 정치적 박해가 점점 강해지고, 이단 사상의 침투가 거세지는 시대적 상황을 정확히

파악하고 신자들 일반이 신앙에 굳게 서서 승리 할 것을 강조하는 의미라고 본다.

사도 요한의 입장에서 볼 때, 예수 그리스도를 머리로 한 영적 유기체인 주님의 몸된 교회 안에는 아버지와 같이 든든한 신자가 있고, 청년과 같이 영적 전투에 자신감을 가지고 승리하는 신자가 있고, 어린 아이 같을지라도 올바른 신지식(神知識)을 가지고, 예수 그리스도가 참 하나님이 시며 참 사람이 되시는 분이심을 믿는 믿음 위에 굳게 서서 성장해 가는 신자들이 있는 것이다. 사도 요한은 이들을 기뻐하고 있다.

7. 세상을 사랑치 말라(2:15-17)

2:15 "이 세상이나 세상에 있는 것들을 사랑하지 말라 누구든지 세상을 사랑하면 아버지의 사랑이 그 안에 있지 아니하니"
(Μὴ ἀγαπᾶτε τὸν κόσμον μηδὲ τὰ ἐν τῷ κόσμῳ. ἐάν τις ἀγαπᾷ τὸν κόσμον, οὐκ ἔστιν ἡ ἀγάπη τοῦ Πατρὸς ἐν αὐτῷ).

2:15-17에는 "세상"이라는 단어가 6회 사용되어 있다. 세상(코스모스, κόσμος)은 하나님과 원수가 되는 사탄의 세력이 지배하는 세계를 의미한다. 하나님 아버지에 대한 "사랑"과 세상을 향한 "사랑"은 공히 '아가페'(ἀγάπη)를 사용하고 있다. 이것은 하나님을 사랑하는 수준으로 세상을 사랑하는 자세를 의미하여 동일한 단어를 사용한 듯하다. 예수님도 "너희가 하나님과 재물을 겸하여 섬기지 못하느니라"(마 6:24; 눅 16:13)라고 말씀하셨다.

세상, 곧 사탄의 세력이나, 세상에 속한 것들, 곧 사탄의 세력의 지배하에 속한 권력, 명예, 재물, 쾌락을 하나님처럼 사랑하는 자에게는 그 속에 하나님의 사랑이 있지 않다. 다시 말하자면 하나님을 사랑하는 마음, 곧 하나님에 대한 참 신앙이 없다는 말이다.

2:16 "이는 세상에 있는 모든 것이 육신의 정욕과 안목의 정욕과 이생의 자랑이니 다 아버지께로부터 온 것이 아니요 세상으로부터 온 것이라"(ὅτι πᾶν τὸ ἐν τῷ κόσμῳ, ἡ ἐπιθυμία τῆς σαρκὸς καὶ ἡ ἐπιθυμία τῶν ὀφθαλμῶν καὶ ἡ ἀλαζονία τοῦ βίου, οὐκ ἔστιν ἐκ τοῦ πατρός, ἀλλ' ἐκ τοῦ κόσμου ἐστίν).

사도 요한은 15절에서 "이 세상에 있는 것들을 사랑치 말라"라고 했으며, 16절에서는 그 내용을 말하고 있다.

① "육신의 정욕"(헤 에피두미아 테스 사르코스, ἡ ἐπιθυμία τῆς σαρκὸς)은 인간의 내부에서 일어나는 강한 육적 욕구로서 하나님을 따르지 않으려는 욕망을 추구하는 것이다.
② "안목의 정욕"(헤 에피두미아 톤 오프달몬, ἡ ἐπιθυμία τῶν ὀφθαλμῶν)은 외적으로 눈으로 보이는 사물에 마음이 격동되어 그것들에게 마음을 불태우는 욕망이다.
③ "이생의 자랑"(헤 알라조니아 투 비우, ἡ ἀλαζονία τοῦ βίου)은 자신의 삶과 자신의 소유를 자랑하는 교만한 마음이다. 사회적으로 낮고, 가난한 약자들을 무시하고 자기가 제일인 양 허세를 부리는 마음이다.

'에크'(ἐκ)라는 단어는 "~로 부터"라는 뜻으로서 "근원"(根源)을 가리키는 말이다. 육신의 정욕, 안목의 정욕, 이생의 자랑 등의 근원이 하나님 아버지에게 있는 것이 아니라, 사탄의 지배 아래 있는 세상이 그 근원이요, 출처임을 말하고 있다.

2:17 "이 세상도, 그 정욕도 지나가되 오직 하나님의 뜻을 행하는 자는 영원히 거하느니라"(καὶ ὁ κόσμος παράγεται καὶ ἡ ἐπιθυμία αὐτοῦ, ὁ δὲ ποιῶν τὸ θέλημα τοῦ θεοῦ μένει εἰς τὸν αἰῶνα).

인간들이 제 아무리 육신의 정욕, 안목의 정욕, 그리고 이생의 자랑을 신(神)의 위치에 두고 사랑한다 해도, 세상의 모든 것들은 반드시 사라지고 말 순간적인 것들이다. 결코 영원한 것은 하나도 없다.

··· 이 세상의 외형은 지나감이니라(고전 7:31).

모든 육체는 풀과 같고 그 모든 영광은 풀의 꽃과 같으니 풀은 마르고 꽃은 떨어지되(벧전 1:24).

그러나 인간들은 세상의 것들을 영원히 존재할 것으로 착각하고 하나님처럼 사랑하고, 추구하고, 욕망을 불태우고 있다. 영적 맹인이 되어 멸망이 도래하는 것을 보지 못하고 있다. 그뿐만 아니라 직면한 멸망의 소리를 듣지도 못하고 있다. 언젠가 불원장래(不遠將來)에 절망하고 탄식할 때가 반드시 올 것이다.
예수 그리스도의 재림 시에 그 엄위한 심판 앞에 사탄을 비롯한 세상의 그 무엇이 그대로 존재할 수 있겠는가?

그렇지만 하나님의 뜻을 행하는 자는 영원히 존재할 수 있게 된다. "하나님의 뜻"(토 델레마 투 데우, τὸ θέλημα τοῦ θεοῦ, the will of God)이란 무엇인가?

> 내 아버지의 뜻은 아들을 보고 믿는 자마다 영생을 얻는 이것이니 마지막 날에 내가 이를 다시 살리리라 하시니라(요 6:40).

> 하나님의 뜻은 이것이니 너희의 거룩함이라 곧 음란을 버리고 (살전 4:3).

하나님의 뜻은 하나님의 독생자 예수 그리스도를 믿고, 영생을 얻으며, 하나님의 자녀로서 거룩한 삶을 주님이 재림하실 때까지 살아가는 것이다. 이러한 그리스도인은 영원한 생명의 부활로 하나님과 더불어 영원히 살게 될 것이다. 그리고 이 영생은 현재형이다. '메네이 에이스 톤 아이오나'(μένει εἰς τὸν αἰῶνα, 영원히 거한다)라고 현재형을 사용하고 있다.

8. 적그리스도(2:18-26)

2:18 "아이들아 지금은 마지막 때라 적그리스도가 오리라는 말을 너희가 들은 것과 같이 지금도 많은 적그리스도가 일어났으니 그러므로 우리가 마지막 때인 줄 아노라"(Παιδία, ἐσχάτη ὥρα ἐστίν, καὶ καθὼς ἠκούσατε ὅτι ἀντίχριστος ἔρχεται, καὶ νῦν ἀντίχριστοι πολλοὶ γεγόνασιν· ὅθεν γινώσκομεν ὅτι ἐσχάτη ὥρα ἐστίν).

"적그리스도"(안티크리스토스, ἀντίχριστος): '안티'(ἀντί)는 '반대,' '아니'(非), '부정'(否), '대립'이라는 뜻이다. '안티크리스토스'는 그리스도와 대립적 위치에 있어서, 그리스도를 반대하고 부정하며, 그리스도를 그리스도가 되지 못하게 하는 자이다.

"지금은 마지막 때라"(에스카테 호라 에스틴, ἐσχάτη ὥρα ἐστίν): 예수 그리스도의 재림의 시기를 의미하는 것으로서, 예수 그리스도의 재림은 초대 교회 시대에 벌써 사도들이나 일반 신자들이 모두 알고 있던 사실이요, 또한 그들의 신앙이었다. "마지막 때"는 예수 그리스도의 초림에서 시작하여 재림에 이르는 전 시대를 의미하기도 하고, 또한 그리스도의 재림 직전의 기간을 의미하기도 한다. 사도 시대의 개념은 후자의 경우이다.

적그리스도의 출현은 그리스도의 재림이 임박한 마지막 때의 징조이다. 적그리스도의 출현에 대한 사상은 이미 구약 시대의 유대교 이래의 사상이기도 하다(단 7:2; 8:25), 그리고 예수님 자신도 이 사실을 예언하셨다(마 24:5, 24), 사도 바울도 예언했다(살후 2:3), 그리고 요한 계시록에서는 적그리스도가 사탄임을 밝히고 있다(계 12, 13장).

그 당시 출현했던 적그리스도적 사상이란 것은 영지주의를 비롯하여 다양한 모양으로 나타났다. 그 중요한 사상은,

① 성경에 계시된 하나님의 존재를 부정하고,
② 예수 그리스도의 신성을 부정하고,
③ 예수 그리스도의 인성을 부정하고,
④ 예수 그리스도의 하나님 되심을 부정한다.

그리스도와 대립하는 적그리스도 사상이 초대 교회 내부에 깊이 침투하여 미혹하고 혼란을 야기했으며, 정치적 세력으로 나타나 교회를 박해했다.

2:19 "그들이 우리에게서 나갔으나 우리에게 속하지 아니하였나니 만일 우리에게 속하였더라면 우리와 함께 거하였으려니와 그들이 나간 것은 다 우리에게 속하지 아니함을 나타내려 함이니라"(ἐξ ἡμῶν ἐξῆλθαν, ἀλλ' οὐκ ἦσαν ἐξ ἡμῶν· εἰ γὰρ ἐξ ἡμῶν ἦσαν, μεμενήκεισαν ἂν μεθ' ἡμῶν· ἀλλ' ἵνα φανερωθῶσιν ὅτι οὐκ εἰσὶν πάντες ἐξ ἡμῶν).

외형상 형식적으로는 교회에 등록하고, 세례를 받고, 혹은 교회의 직원으로서 교회의 일원으로 함께 존재해 왔으나 자신들의 적그리스도성(性)이 드러나게 되자 교회에서부터 이탈하는 것이다. 어두움이 빛 가운데 있을 수 없듯이, 비진리가 진리 안에 존재할 수 없는 것이다. 어두움이 빛 가운데서 드러나고, 비진리가 진리 안에서 드러나듯이 성령으로 중생하지 못한 교인은 그 행위와 생활에서 자신의 불신앙성(不信仰性)을 자연히 드러내게 되는 것이다. 그래서 더 이상 자신들의 악한 영향을 미칠 수 없게 되면 성도(聖徒)의 무리에서부터 떠나게 되는 것이다.

가인과 아벨은 혈육으로는 형제이지만, 영적으로는 이미 형제가 아니었다. 가인은 육체의 소욕을 따라 악령의 지배를 받는 자이었고, 아벨은 성령의 소욕을 따라 성령의 지배를 받는 사람이었다. 그 결과, 형제가 함께 있을 수 없었던 것이다.

이 세상에는 악과 선이 공존하지만, 이 둘이 하나가 될 수 없는 것이다. 성경의 역사 속에서나, 기독교의 역사 속에서도 거짓 선지자와 참 선지자가 공존했지만 하나님은 이들을 분명히 구분하셨다.

진실한 신자들의 공동체인 경우는 분리될 이유가 없다. 그러나 비진리(非眞理)를 전하는 자들과는 단호히 분리해야 하고 그들을 추방해야 한다. 그래서 주님의 몸된 교회의 순결성을 지켜야 한다.

2:20 "너희는 거룩하신 자에게서 기름 부음을 받고 모든 것을 아느니라"(καὶ ὑμεῖς χρῖσμα ἔχετε ἀπὸ τοῦ ἁγίου, καὶ οἴδατε πάντες).

· '크리스마'(χρῖσμα): 기름을 뿌림, 기름을 부음(구약 시대에는 제사장과 선지자 그리고 왕의 임직시에 그 머리에 기름을 부었다. 이것은 하나님의 소유된 사람에게 거룩히 구별됨과 새 사명의 부여를 의미한다).

적그리스도는 진리의 공동체에서 떠나가지만 그와 반대로 성경의 진리를 지키는 자들은 거룩하신 그리스도에게서 성령의 기름 부음을 받은 자들로서, 머리이신 그리스도를 정점으로 하여 영적으로 한 몸을 이루어, 영적 공동체를 이루고 있다. 그가 주신 그 성령의 지혜에 의해 진리와 비진리를 식별할 수 있다. 그래서 적그리스도의 사상이 무엇인지를 다 알 수 있다. 그리고 그리스도에 관한 진리를 모두 알 수 있다.

"너희는 … 모든 것을 아느니라"(오이다테 판테스, οἴδατε πάντες)는 21절 이하의 말씀을 미루어 보면 "진리를 안다"라고 해석함이 좋을 것이다.

"진리"가 무엇이냐?

예수 그리스도 자신을 뜻한다(요 14:6). 진리이신 그리스도를 아는 자는 그 반대되는 적그리스도가 무엇인지, 그 내용이 무엇인지, 그 목적이 무엇인지, 그 근원이 어디인지를 알 수 있다. 그리고 어떻게 경계해야 하며, 어떻게 대적해야 하는지를 아는 성령의 지혜를 갖는다.

2:21 "내가 너희에게 쓰는 것은 너희가 진리를 알지 못하기 때문이 아니라 알기 때문이요 또 모든 거짓은 진리에서 나지 않기 때문이라"(οὐκ ἔγραψα ὑμῖν ὅτι οὐκ οἴδατε τὴν ἀλήθειαν, ἀλλ' ὅτι οἴδατε αὐτήν, καὶ ὅτι πᾶν ψεῦδος ἐκ τῆς ἀληθείας οὐκ ἔστιν).

사도 요한이 모든 교회들에게 이 글을 쓰는 이유는 그들이 진리를 알지 못하기 때문이 아니라, 진리를 알기 때문에 쓰는 것인데, 그 아는 바를 더욱 명확히 해주기 위해서이다. 즉 모든 거짓말, 거짓된 행위의 근원이 진리가 아닌 사탄이라는 사실을 주지시키고 있는 것이다. 예수께서도 다음과 같이 말씀하셨다:

> 너희는 너희 아비 마귀에게서 났으니 너희 아비의 욕심대로 너희도 행하고자 하느니라 그는 처음부터 살인한 자요 진리가 그 속에 없으므로 진리에 서지 못하고 거짓을 말할 때마다 제 것으로 말하나니 이는 그가 거짓말쟁이요 거짓의 아비가 되었음이라(요 8:44).

그러므로 성령으로 기름 부음을 받은 참 그리스도인은 빛과 어두움을 구별하고, 진리와 비진리를 식별하고, 하나님의 뜻과 사탄의 뜻을 식별하는 지혜와 능력을 갖고 있는 것이다.

2:22-23 "거짓말하는 자가 누구냐 예수께서 그리스도이심을 부인하는 자가 아니냐 아버지와 아들을 부인하는 그가 적그리스도니 아들을 부인하는 자에게는 또한 아버지가 없으되 아들을 시인하는 자에게는 아버지도 있느니라"(Τίς ἐστιν ὁ ψεύστης εἰ μὴ ὁ ἀρνούμενος ὅτι Ἰησοῦς οὐκ ἔστιν ὁ Χριστός; οὗτός ἐστιν ὁ ἀντίχριστος, ὁ ἀρνούμενος τὸν πατέρα καὶ τὸν υἱόν. πᾶς ὁ ἀρνούμενος τὸν υἱὸν οὐδὲ τὸν πατέρα ἔχει· ὁ ὁμολογῶν τὸν υἱὸν καὶ τὸν πατέρα ἔχει).

- **'호 푸슈스테스'**(ὁ ψεύστης, 거짓말하는 자): 정관사 '호'(ὁ)가 있다. 이것은 바로 "적그리스도"를 지칭하는 것이다.
- **'호 알누메노스'**(ὁ ἀρνούμενος, 부인하는 자): 정관사 '호'(ὁ)가 있다. 부인하는 자, 바로 그 자라는 뜻으로서 "적그리스도"를 지칭한다.
- **호 호모로곤**(ὁ ὁμολογῶν, 시인하는 자, 원형: 호모로게오, ὁμολογέω, 일치하게 말하다, 시인하다, 동의하다): 현재 분사. 정관사 '호'(ὁ)가 있다. 시인하는 자.

창세기 1:26의 "우리"라는 1인칭 복수형은 삼위일체 하나님을 지칭함이다. 곧 성부, 성자, 성령 하나님이다. 그러므로 성부를 부인하는 것은 성자를 부인하는 것이다. 예수가 그리스도이심을 부인하는 것은 하나님의 독생자 예수가 기름 부음을 받아 하나님의 말씀을 선포하는 선지자의 사명, 인류의 죄를 속죄하기 위한 제사장의 사명, 그리고 인류의 심판주로 다시 오실 왕의 직을 맡으신 것을 부인하는 것이다. 예수가 메시야, 그리스도, 구세주이심을 부인하는 것이 바로 "거짓말쟁이요, 적그리스도"이다.

유대인들처럼 예수가 메시야이심을 부인하는 사상, 예수를 하나님 이라고 부르면서 예수의 영원성을 부정하는 사상, 예수라는 인간에 게 하나님이 일시적으로 머물러 있었다는 사상, 인간 예수는 사실상 하나님인데 일시적으로 인간처럼 보였을 뿐이라는 사상, 영지주의의 기독론처럼 "가현설"(Docetism)을 주장하는 사상, 그리고 인간은 자유 의지에 의하여 자아 스스로 구원할 수 있다고 주장하는 자동구원론(自動救援論)의 사상은 모두 인간을 속이는 적그리스도이다.

그렇지만 예수가 그리스도요, 하나님의 아들이라는 선포는 하나님 의 말씀과 일치하며, 이 말씀에 동의하는 자에게는 성부 하나님에 대 한 신앙이 있는 것이다. 곧 이것은 그 심령이 성부와 성자가 함께 하 시는 성령의 전(殿)이라는 증거이다.

2:24 "너희는 처음부터 들은 것을 너희 안에 거하게 하라 처음부터 들은 것이 너희 안에 거하면 너희가 아들과 아버지 안에 거하리 라"(ὑμεῖς ὃ ἠκούσατε ἀπ' ἀρχῆς, ἐν ὑμῖν μενέτω. ἐὰν ἐν ὑμῖν μείνῃ ὃ ἀπ' ἀρχῆς ἠκούσατε, καὶ ὑμεῖς ἐν τῷ υἱῷ καὶ ἐν τῷ πατρὶ μενεῖτε).

본 절에는 "안에 거하다"(엔 ~ 메노, ἐν ~ μένω)가 3회 사용되어 있다. 이것은 사도 요한이 애용하는 표현 중의 하나이다. 이것은 그리스도 인과 예수 그리스도 그리고 하나님과의 영원히 분리할 수 없는 관계를 표현하고 있는 표현이다. 특히 '엔'(ἐν, 안에)은 "일치, 일체"라는 의미가 있다. 그래서 "그리스도 안에 거한다"는 말은 "그리스도와 한 몸이 됨" 을 의미한다.

"처음부터 들은 것"이란 예수 그리스도에 관한 말씀이다. 곧 "태초 부터 있는 생명의 말씀이다"(요일 1:1). 그 말씀이 우리 안에 거하면 아들과 아버지 안에서 영적 교류를 영원히 갖게 되는 것이다. 그 생명의 말씀이 우리 안에서 활동하여 우리로 하여금 그리스도와 영적 교류에 들어가게 되고, 따라서 하나님과의 영적 교류에 들어가게 되는 것이다.

> **2:25-26** "그가 우리에게 약속하신 것은 이것이니 곧 영원한 생명이니라 너희를 미혹하는 자들에 관하여 내가 이것을 너희에게 썼노라"(καὶ αὕτη ἐστὶν ἡ ἐπαγγελία ἣν αὐτὸς ἐπηγγείλατο ἡμῖν, τὴν ζωὴν τὴν αἰώνιον. Ταῦτα ἔγραψα ὑμῖν περὶ τῶν πλανώντων ὑμᾶς).

- **프라논톤**(πλανώντων, 원형: 프라나오, πλανάω, 미혹하다, 속이다, 나쁜 길로 인도하다): 현재 분사 소유격 남성 복수.

미혹하는 자들이란 사도 요한이 지금까지 말해 온 적그리스도이다. 그들이 성도를 속이고, 그릇된 길로 이끌어 가는 자들이다. 그들의 미혹에 흔들리지 말고 그리스도께서 약속하셨던 그 약속을 굳게 지킬 것을 말하고 있다. 그 약속이란 바로 "영원한 생명"이다. 그리스도께서 거룩하시고, 진리이시고, 진실하신 하나님이시기 때문에 그의 약속도 진실하다는 것을 믿어야 한다.

사도 요한은 "또 증거는 이것이니 하나님이 우리에게 영생을 주신 것과 이 생명이 그의 아들 안에 있는 그것 이니라"(요일 5:11)라고 역설하고 있다. 진실로 그리스도를 영접한 사람은 이미 그가 약속하셨던 "영생"을 얻은 것이다. 이 영생은 미래형이 아니라, 현재형이다.

이 "영생"은 그리스도 안에 있는 것이며, 축복된 생명이요, 완전한 생명이다. 이 영생은 하나님께서 신실한 성도에게 주신 위대한 약속인데, 오직 하나님만이 주실 수 있는 약속이다.

* 적그리스도의 거짓 교사들의 공통된 특징
① 예수를 메시야, 그리스도, 구세주로 믿지 아니한다.
② 예수의 신성을 부인한다. 예수는 하나님이 아니라 우리와 동일한 인간일 뿐이라고 주장한다.
③ 예수의 영원성과 선재성을 부정한다.
④ 예수라는 인간에게 하나님이 일시적으로 거하여 계셨다고 주장한다.
⑤ 예수의 인성을 부정한다. 예수는 하나님이신데, 사람의 모습으로 보이는 것은 하나의 환상이라고 주장한다. 예수의 동정녀 탄생을 부정한다.
⑥ 예수를 하나님의 아들로 믿는다고 하면서 사실상 인간 자아의 공력에 의하여 구원 얻는다고 가르친다. 율법주의도 여기에 해당된다.
⑦ 거짓 교사들은 세상과 연루되어 있다. 특정한 사람을 메시야로 세워 이 세상에 새 질서를 건설하려고 한다.
⑧ 거짓 교사들은 성경이 하나님의 유일한 권위있는 말씀이라 하지 않고 다른 교훈을 성경과 똑같은 위치에 둔다.
⑨ 거짓 교사들은 사탄의 능력으로 기적을 행하기도 한다.
⑩ 진리에서 떠나서 교회를 분열시키고 파괴한다.
⑪ 예수 그리스도의 재림을 부정한다(벧후 3:4).
⑫ 의심을 일으키고(창 3:1), 속임수를 쓰며(창 3:5), 매력을 느끼게 한다(창 3:6).

9. 기름 부음을 받은 자의 지식(2:27-29)

2:27 "너희는 주께 받은 바 기름 부음이 너희 안에 거하나니 아무도 너희를 가르칠 필요가 없고 오직 그의 기름 부음이 모든 것을 너희에게 가르치며 또 참되고 거짓이 없으니 너희를 가르치신 그대로 주 안에 거하라"(καὶ ὑμεῖς τὸ χρίσμα ὃ ἐλάβετε ἀπ' αὐτοῦ μένει ἐν ὑμῖν, καὶ οὐ χρείαν ἔχετε ἵνα τις διδάσκῃ ὑμᾶς· ἀλλ' ὡς τὸ αὐτοῦ χρίσμα διδάσκει ὑμᾶς περὶ πάντων, καὶ ἀληθές ἐστιν καὶ οὐκ ἔστιν ψεῦδος, καὶ καθὼς ἐδίδαξεν ὑμᾶς, μένετε ἐν αὐτῷ).

'크리스마'(χρίσμα)는 "기름 부음"을 뜻하며, 하나님에게서의 "성별"(聖別)과 "성령"(聖靈)을 주심의 표시이다. 성도는 주님으로부터 기름 부음을 받은 자들이다. 그리고 그 성령의 가르치심과 인도를 받는다. 예수께서 다음과 같이 말씀하셨다.

> 보혜사 곧 아버지께서 내 이름으로 보내실 성령 그가 너희에게 모든 것을 가르치고 내가 너희에게 말한 모든 것을 생각나게 하리라 (요 14:26).

> 진리의 성령이 오시면 그가 너희를 모든 진리 가운데로 인도하시리니 …(요 16:13; 참조, 요 15:26).

성령 충만한 그리스도인은 항상 성령의 가르치심과 지배와 인도하심을 받으며, 그것들에 절대 복종하므로 진리와 비진리, 정의와 불의, 하나님의 뜻과 사탄의 뜻을 식별할 수 있는 지혜와 지식의 은사를 받고 있다. 그리고 하나님의 말씀을 왜곡하는 비진리의 유혹에 빠지지 않는다. 여기에서 사도 요한은 "너희를 가르치신 그대로 주 안에 거하라"라고 당부하고 있다. 그리스도인에게 중요한 것은 어떤 경우에도 예수 그리스도 안에 거하는 것이다. 즉 그리스도에 대한 순수한 지식을 지켜야 한다는 것이다.

> **2:28** "자녀들아 이제 그의 안에 거하라 이는 주께서 나타내신 바 되면 그가 강림하실 때에 우리로 담대함을 얻어 그 앞에서 부끄럽지 않게 하려 함이라"(Καὶ νῦν, τεκνία, μένετε ἐν αὐτῷ, ἵνα ἐὰν φανερωθῇ σχῶμεν παρρησίαν καὶ μὴ αἰσχυνθῶμεν ἀπ' αὐτοῦ ἐν τῇ παρουσίᾳ αὐτοῦ).

- '화네로-데-'(φανερωθῇ, 원형: 화네로오-, φανερόω, 분명해지다, 나타나다): 제1부정과거 가정법 수동태.
- '스코-멘'(σχῶμεν, 원형: 에코, ἔχω, 내가 소유하다): 제2부정과거 가정법 1인칭 복수.
- '팔레시안'(παρρησίαν): 말함에 있어 자유함, 담대함, 보증.
- '아이스쿤도-멘'(αἰσχυνθῶμεν, 원형: 아이스쿠노마이, αἰσχύνομαι, 부끄러워하다, 혼동하다): 제1부정과거 가정법 수동태.

많은 적그리스도의 출현으로 인하여 신앙생활에 혼란이 있기 쉬운 이때에 무엇보다도 중요한 것은 "주 안에 거하는" 것이다. 주님과의 영적 교류의 상태를 항상 유지하면, 주님께서 언제 재림하셔도 주님 앞에 부끄러움 없이, 담대하게 확신과 기쁨으로 영접 할 수 있다.

그리스도인이 재림의 주님 앞에서 담대할 수는 이유는 무엇인가?

그리스도인은 예수 그리스도의 피로 죄 씻음 받고, 하나님에게서 무죄선언을 받아, 의(義)롭다고 인정받았기 때문에, 그래서 그리스도 안에 거하여 영적 생명의 교류를 하고 있기 때문이다. 사도 요한은 성도들이 모두 이러한 믿음을 갖기를 간구하고 있다. 이것이 참 영적 지도자의 마음이다.

> **2:29** "너희가 그가 의로우신 줄을 알면 의를 행하는 자마다 그에게서 난 줄을 알리라"(ἐὰν εἰδῆτε ὅτι δίκαιός ἐστιν, γινώσκετε ὅτι πᾶς ὁ ποιῶν τὴν δικαιοσύνην ἐξ αὐτοῦ γεγέννηται).

- **에이데-테**(εἰδῆτε, 원형: 오이다, οἶδα, 내가 알다): 가정법 2인칭 복수.
- **게겐네-타이**(γεγέννηται, 원형: 겐나오-, γεννάω, 자식을 낳다): 완료 수동태 3인칭 단수.

이 구절을 직역해 보면 다음과 같다.
"만일 당신들이 그분이 의로우시다는 것을 알고 있다면, 당신들은 의를 행하는 사람마다 그분으로부터 태어났다는 것을 알고 있다."
"그분"이 누구를 지칭하고 있는가?
존 칼빈은 그의 주석에서 다음과 같이 말한다.

> 그분이 하나님이신지 아니면 그리스도이신지 확실치 않으나, 성경에서 확실하게 언급하는 방식은 그리스도 안에서 하나님에게서 태어났다는 것이다. 그러나 다른 면으로 보면, 성령으로 새로워진 자는 그리스도에게서 태어났다라고 말하는 것도 불합리하지는 않다.

사도 요한은 "하나님께로 난 자마다"(요일 5:1, 4)라고 말하고 있다. 사도 요한은 "주님 안에 거하는 자"와 "의를 행하는 자"를 동일하게 보고 있는 것이다.

하나님에게서 의롭다고 인정받고, 그리스도 안에 거하는 자는 반드시 성령의 인도를 따라 의로운 생활을 살아야 할 것이다. 그리스도인 개인뿐만 아니라, 그리스도인의 공동체인 교회, 곧 그리스도의 몸된 교회가 그 사회 안에서 그리스도의 편에 서서 정의와 진실을 말하고, 행동하고, 방향을 제시하고, 모범이 되어야 할 책무를 가지고 있다.

10. 주님께 있는 자는 범죄치 않음(3:1-12)

3:1 "보라 아버지께서 어떠한 사랑을 우리에게 주사 하나님의 자녀라 일컬음을 얻게 하셨는고 우리가 그러하도다 그러므로 세상이 우리를 알지 못함은 그를 알지 못함이니라"(ἴδετε ποταπὴν ἀγάπην δέδωκεν ἡμῖν ὁ πατὴρ ἵνα τέκνα θεοῦ κληθῶμεν, καί ἐσμέν. διὰ τοῦτο ὁ κόσμος οὐ γινώσκει ἡμᾶς ὅτι οὐκ ἔγνω αὐτόν).

· **'크레-도-멘'**(κληθῶμεν, 원형: 카레오-, καλέω, 내가 부르다[call]): 제1부정과거 가정법 수동태 1인칭 복수.

인류의 조상인 아담의 타락 이후 인류는 누구를 막론하고 모두가 하나님과는 원수 관계에 있게 되었다. 죄의 결과로 인간은 하나님의 저주의 대상, 심판과 멸망의 대상이 되었다. 그래서 하나님의 생명에서 단절되고 말았다. 이것이 범죄한 인간(인류)에게 주어진, 비참하고 비극적인 상황이었다.
　원래 삼위일체 하나님의 형상대로 창조되었던 인간의 이러한 비극적 상황을 아시는 하나님께서 속죄와 구원의 길을 예비해 주셨다. 그것이 바로 창세기 3:15의 말씀이다.

> … 여자의 후손은 네 머리를 상하게 할 것이요 너는 그의 발꿈치를 상하게 할 것이니라(창 3:15).

　하나님이 말씀하신 여인의 후손이 바로 동정녀의 몸에서 탄생하실 예수 그리스도를 지칭한다. 이것이 인류를 구원하시려는 속죄의 대전제(大前提)이다.
　하나님은 구체적인 첫째 방법으로 "가죽 옷을 지어 입히셨다"(창 3:21). 그 가죽은 짐승을 희생시켜 얻은 것이다. 그 짐승은 아담이 하나님에게서 배운 그대로 아벨에게 전수했으므로, 아벨이 양(羊)으로 제물을 삼았던 것이다(창 4:4).
　둘째 방법으로, 출애굽의 사건에서 가족 단위의 구원을 위해 흠 없고 점 없는 일 년 된 숫양을 희생케 하셨다. 이것은 민족적으로 대대로 지켜야 할 법으로 제정하신 것이다.
　신약 시대에 이르러 하나님께서는 독생자 예수 그리스도를 하나님의 어린 양으로 십자가에 희생시키시므로 "단번에" 그 속죄를 완성하셨다. 이 속죄는 완전하고 영원한 효력이 있는 것이다. 독생자를 십자가에 희생시키시는 그 행위에 인류를 향한 하나님의 사랑이 그대로 나타나고 있는 것이다.
　하나님의 영원하신 구원의 예정 안에 있는 자는 누구든지 그리스도의 대속의 공로를 믿기만 하면 구원을 얻고, 동시에 하나님의 자녀가 된다. 뿐만 아니라 그리스도와 함께한 하나님의 후사(공동 후사, 롬 8:17)가 된다. 이것이 바로 그리스도인에게 베푸신 우주적 사랑이요, 언어로 다 표현할 수 없는 은총이다.

하나님의 자녀의 신분은 세상의 법적 방법으로는 표현하거나 증명할 수 없다. 다만 그리스도인의 진실, 정의, 사랑, 헌신적 행위와 삶이 증명할 것이다. 그러므로 세상이 우리가 하나님의 자녀가 되었다는 것을 알지 못하는 이유는 불신앙인들이 하나님을 알지 못하기 때문이다.

3:2 "사랑하는 자들아 우리가 지금은 하나님의 자녀라 장래에 어떻게 될지는 아직 나타나지 아니하였으나 그가 나타나시면 우리가 그와 같을 줄을 아는 것은 그의 참모습 그대로 볼 것이기 때문이니"(Ἀγαπητοί, νῦν τέκνα θεοῦ ἐσμέν, καὶ οὔπω ἐφανερώθη τί ἐσόμεθα. οἴδαμεν ὅτι ἐὰν φανερωθῇ ὅμοιοι αὐτῷ ἐσόμεθα, ὅτι ὀψόμεθα αὐτὸν καθώς ἐστιν).

성부 하나님께서는 성자 하나님의 공로로 성령으로 거듭난(신생한) 모든 자들을 하나님의 자녀로 받아주셨다. 성자께서 그리스도인들을 형제라고 부르셨고, 형제로 삼아 주셨다. 그로 인하여 그리스도인들에게는 하나님의 자녀라는 특권과 존엄성이 주어진 것이다. 이것은 놀랍고도 은혜로운 하나님의 사랑이다.

원래 우리는 어떤 존재였는가?

죄를 유전 받은 자요, 죄악 속에 태어난 자요, 하나님의 저주를 받은 자였다. 실로 우리는 타락과 불순종과 배은망덕의 자식들이었다.

그런데 지금은 거룩하신 하나님께서는 우리에게서 "아버지 하나님"이라고 호칭됨을 부끄러워하지 아니하시고, 우리를 향하여 자녀라고 부르기를 부끄러워하지 않으신다.

예수 그리스도께서는 반드시 재림하실 것이다. 요한복음 14:2-3에서 다음과 같이 약속하셨다.

> … 내가 너희를 위하여 거처를 예비하러 가노니 가서 너희를 위하여 거처를 예비하면 내가 다시 와서 너희를 내게로 영접하여 나 있는 곳에 너희도 있게 하리라(요 14:2-3).

그리고 사도 바울도 다음과 같이 말씀했다.

> 이는 너희가 죽었고 너희 생명이 그리스도와 함께 하나님 안에 감추어졌음이라 우리 생명이신 그리스도께서 나타나실 그 때에 너희도 그와 함께 영광 중에 나타나리라(골 3:3-4).

아마도 그때에 우리가 보게 될 그리스도의 모습은 "저희 앞에서 변형되사 그 얼굴이 해같이 빛나며 옷이 빛과 같이 희어졌더라"(마 17:2)와 같은 것이 아니겠는가!

그리고 사도 바울은 다음과 같이 말씀했다.

> 주께서 호령과 천사장의 소리와 하나님의 나팔 소리로 친히 하늘로부터 강림하시리니 그리스도 안에서 죽은 자들이 먼저 일어나고 그 후에 우리 살아 남은 자들도 그들과 함께 구름 속으로 끌어 올려 공중에서 주를 영접하게 하시리니 그리하여 우리가 항상 주와 함께 있으리라(살전 4:16-17).

"항상 주와 함께 있으리라"라는 뜻은 "그와 같게 되기 때문에 함께 있음"을 뜻하는 것이다. 이 말은 과거 인류의 조상 아담이 범죄함으로 상실했던 하나님의 형상을 이제 그리스도 안에서 회복되었음을 증명하는 것이다.

> 우리가 지금은 거울로 보는 것 같이 희미하나 그 때에는 얼굴과 얼굴을 대하여 볼 것이요 지금은 내가 부분적으로 아나 그 때에는 주께서 나를 아신 것 같이 내가 온전히 알리라(고전 13:12).

이 말씀처럼 그리스도의 있는 모습 그대로를 보게 될 것이다. 이것이야말로 하나님의 자녀 된 자들에게 주어진 은총이요, 특권이요, 영광이다.

3:3 "주를 향하여 이 소망을 가진 자마다 그의 깨끗하심과 같이 자기를 깨끗하게 하느니라"(καὶ πᾶς ὁ ἔχων τὴν ἐλπίδα ταύτην ἐπ' αὐτῷ ἁγνίζει ἑαυτὸν καθὼς ἐκεῖνος ἁγνός ἐστιν).

- '**하그니제이**'(ἁγνίζει, 원형: **하그니조-**, ἁγνίζω, 깨끗게 하다, 도덕적으로 깨끗게 하다, 개혁하다): 현재 직설법 능동태 3인칭 단수.
- '**하그노스**'(ἁγνός): 깨끗한, 순결한, 겸손한, 결백한.

"이 소망을"(텐 엘피다 타우텐, τὴν ἐλπίδα ταύτην) 가진 자라 함은 재림하시는 주님의 그 영광에 참여할 소망을 가진 모든 성도들을 뜻함이다. 그들은 모름지기 현재에 있어서 자기 자신이 하나님의 자녀(양자)임을 자각하고, 그리스도께서 거룩하시고 순결하심같이 우리 자신을 늘 하나님의 말씀으로 개혁하며, 영적으로나, 도덕적으로 주님 앞에 순결하도록 노력해야 할 것이다. 신랑을 맞이할 신부처럼 자신을 깨끗게 해야 할 것이다. 구약성경에서도 하나님은 이스라엘을 향해 계속적으로 "성결"을 강조하셨다(수 3:5; 7:13).

3:4 "죄를 짓는 자마다 불법을 행하나니 죄는 불법이라"(Πᾶς ὁ ποιῶν τὴν ἁμαρτίαν καὶ τὴν ἀνομίαν ποιεῖ, καὶ ἡ ἁμαρτία ἐστὶν ἡ ἀνομία).

앞 절에서 "자신을 깨끗게 하라"고 말한 사도 요한이 바로 죄를 짓는 자마다 불의하고, 범법자임을 선언하고 있다.

그러면 사도 요한이 말하는 "죄와 불법"이란 무엇인가?

하나님의 존재를 부정하고, 예수의 그리스도 되심을 부정하고, 성경(원본)이 하나님의 말씀임을 부정하는 것이라 할 수 있다. 이런 자들은 그리스도를 떠나 있는 자, 그리스도 밖에 있는 자, 성령으로 거듭나지 못하고 그리스도와 영생의 교류를 가지지 못하는 자들이다. 그들은 하나님을 대적하고, 율법을 대적한다. 사도 요한이 이렇게 기록한 목적은 그리스도인으로 하여금 죄를 증오하고 두려워하게 하려는 것이었다.

3:5 "그가 우리 죄를 없애려고 나타나신 것을 너희가 아나니 그에게는 죄가 없느니라"(καὶ οἴδατε ὅτι ἐκεῖνος ἐφανερώθη ἵνα τὰς ἁμαρτίας ἄρῃ, καὶ ἁμαρτία ἐν αὐτῷ οὐκ ἔστιν).

- '아레-'(ἄρῃ, 원형: 아이로-, αἴρω, 옮기다, 치우다, 없에다, 멸하다, 죽이다): 제1부정과거 가정법 3인칭 단수.

그리스도의 사명은 죄를 멸하는 것이다. 이것이 그리스도가 성부 하나님에 의하여 이 세상에 보내심을 받은 이유이다. 우리는 믿음에 의해서 그리스도의 속죄의 능력을 알 수 있다. 그러므로 그리스도를 믿는 자는 필연적으로 자기의 죄에서 깨끗함을 받는다.

그리스도를 칭하여 "세상 죄를 지고 가는 하나님의 어린 양"(요 1:29)이라고 말한 것은 우리의 죄가 그리스도에게 전가(轉嫁)되었음을 말하는 것이다. 이제 믿고 회개하는 자는 그의 옛 사람이 십자가에 못 박혀 죽어지고, 성령으로 새 사람이 태어나게 되는 것이다.

우리의 죄가 그리스도에게 전가되었다고 해서, 그리스도에게 인류의 죄가 그대로 남아있는 것이 아니다. 예수 그리스도는 인류의 모든 죄를 지고 십자가에서 그 대가를 지불하고 죽으셨다. 그의 죽음은 율법의 요구를 충족시켜 드린 것이다. 그 죽음은 단번에 속죄를 완성한 것이며, 그 속죄는 완전하고 영원한 것이다. 그리고 예수 그리스도의 부활은 그의 무죄하심과 속죄의 완전함과 그가 하나님의 아들(神性) 되심의 확증인 것이다.

3:6 "그 안에 거하는 자마다 범죄하지 아니하나니 범죄하는 자마다 그를 보지도 못하였고 그를 알지도 못하였느니라"(πᾶς ὁ ἐν αὐτῷ μένων οὐχ ἁμαρτάνει· πᾶς ὁ ἁμαρτάνων οὐχ ἑώρακεν αὐτὸν οὐδὲ ἔγνωκεν αὐτόν).

그리스도 안에 거하는 사람은 습관적으로 죄를 짓지 않는다. 왜냐하면 주 예수와 생명적으로 연합한 사람에게는 성령의 능력이 죄의 세력을 파괴하고, 계속적으로 계명을 지키며, 순종하게 되기 때문이다. 실질적으로 죄를 단절한다는 것은 주 예수 그리스도와 영적으로 연합했으며, 계속적으로 그 안에 있으며, 구원의 확신을 가지고 있다는 위대한 증거가 된다. 신자가 받는 사죄(赦罪)는 신자 자신에게 전가(轉嫁)되어 있는 그리스도의 의(義)에 근거한 것이다.

그러나 예수를 믿음 안에서 만나는 체험이 없는 자는 그리스도를 보지도, 알지도 못하기 때문에 계속적으로 죄를 범하는 것이다. '하말타논'(ἁμαρτάνων, 범죄하는)은 '하말타노'(ἁμαρτάνω, 범죄하다)의 현재 분사이다. 그래서 범죄 행위의 계속성을 나타내고 있다.

3:7 "자녀들아 아무도 너희를 미혹하지 못하게 하라 의를 행하는 자는 그의 의로우심과 같이 의롭고"(Τεκνία, μηδεὶς πλανάτω ὑμᾶς· ὁ ποιῶν τὴν δικαιοσύνην δίκαιός ἐστιν, καθὼς ἐκεῖνος δίκαιός ἐστιν).

"범죄하는 자"의 반대는 "의를 행하는 자"이다. 의를 행하지 않는 자를 의롭다고 인정할 수는 없는 것이다. 의를 행함이 없이도 의로워질 수 있다고 가르치는 것은 잘못된 교훈이요, 기독교의 진리를 왜곡하는 일이며, 하나님의 자녀들을 미혹하는 일이다. "행함이 없는 믿음은 죽은 것이다"(약 2:26)라는 말씀처럼 행위를 무시한 의(義)는 참된 성경의 교훈이 아니다.

"오직 의인은 믿음으로 말미암아 살리라"(롬 1:17)라는 말씀에 근거한 "이신칭의"(以信 稱義)의 교의(敎義)에는 예수 그리스도 자신의 의(義)가 전제되어 있는 것이다. 그러므로 믿음으로 그리스도의 의가 우리에게 전가되어 하나님에게 이제 의롭다고 인정받은 사람은 그리스도를 본받아 반드시 의롭게 행해야 하는 것이다.

의를 행동하는 것은 의(義)라는 성질의 결과이다. 그러므로 그리스도인에게는 자신이 처해있는 사회 안에서 의를 행하고, 의를 말하고,

외쳐야 할 사명이 있다. 의를 행동으로 옮기는 것은 자신의 신앙이 살아있다는 증거가 된다. 의(義)를 행함이 없는 믿음은 병들었거나, 아주 약하거나, 아니면 죽은 상태에 있는 것이다.

> **3:8** "죄를 짓는 자는 마귀에게 속하나니 마귀는 처음부터 범죄함이라 하나님의 아들이 나타나신 것은 마귀의 일을 멸하려 하심이라"
>
> (ὁ ποιῶν τὴν ἁμαρτίαν ἐκ τοῦ διαβόλου ἐστίν, ὅτι ἀπ' ἀρχῆς ὁ διάβολος ἁμαρτάνει. εἰς τοῦτο ἐφανερώθη ὁ υἱὸς τοῦ θεοῦ ἵνα λύσῃ τὰ ἔργα τοῦ διαβόλου).

- '아프 아르케스'(ἀπ' ἀρχῆς): 요한복음 1:1과 요한일서 1:1에 사용된 '아르케'(ἀρχή, 태초, 시작)와 동일한 단어가 사용되었다. 그러나 그것은 영원한 태초를 의미하고, 여기에 사용된 단어는 마귀가 활동하기 시작한 때를 뜻한다고 본다. 그래서 "본래"(本來)나 "원래"(原來)라고 번역함이 좋겠다.
- '루세-'(λύσῃ, 원형: 루오-, λύω, 내가 풀다, 내가 파괴하다, 자유를 주다, 멸하다): 부정과거 가정법.

마귀의 활동은 하나님께 대한 교만과 반역이라는 범죄로 시작했다. 그리고 그 행위가 인류를 속이고 범죄케 하여 타락시키고 말았다. 그 결과 인류는 마귀에게 예속되어 마귀에게 절대 복종할 수밖에 없는 종이 되고 만 것이다. 마귀는 처음부터 이 세상에서 하나님의 일을 멸망시킬 계획을 했고, 노력을 해왔다.

그러나 하나님의 아들께서는 마귀에게 대하여 거룩한 싸움을 시행하셨다. 하나님의 아들 예수 그리스도의 오심의 목적은 마귀에게 예종되어 있는 인류를 구원하기 위함이며, 마귀의 그러한 일들을 멸망시키기 위해서였다.

하나님의 아들 예수 그리스도께서는 십자가 위에서 "다 이루었다"(테텔레스타이, τετέλεσται[원형: 텔레오-, τελέω, 마치다, 완성하다, 결론내리다, 성취하다], 완료 수동태 3인칭 단수)라고 승리의 개가를 외치시고, 마귀의 일들을 멸하는 일을 완성하셨다. 그와 반대로 이것은 하나님의 택한 백성들의 구원을 완성하신 것이다.

> 3:9 "하나님께로부터 난 자마다 죄를 짓지 아니하나니 이는 하나님의 씨가 그의 속에 거함이요 그도 범죄하지 못하는 것은 하나님께로부터 났음이라"(Πᾶς ὁ γεγεννημένος ἐκ τοῦ θεοῦ ἁμαρτίαν οὐ ποιεῖ, ὅτι σπέρμα αὐτοῦ ἐν αὐτῷ μένει, καὶ οὐ δύναται ἁμαρτάνειν, ὅτι ἐκ τοῦ θεοῦ γεγέννηται).

- '게겐네-메노스'(γεγεννημένος, 원형: 겐나오-, γεννάω, 낳다, 태어나다): 완료 수동태 분사 남성 단수 주격.
- '게겐네-타이'(γεγέννηται, 원형: 겐나오-, γεννάω, 낳다, 태어나다): 완료 수동태 3인칭 단수.
- '스펠마'(σπέρμα): 씨, 미래 세대의 씨, 영적 생명의 씨 혹은 원리.

하나님으로부터 새롭게 태어난 사람 속에는 하나님의 씨, 곧 영적 생명의 씨가 있기 때문에 죄를 범할 수 없다. 사도 요한은 하나님의 씨가 있는 사람은 성령에 의해 매우 효과적으로 지배를 받기 때문에 하나님의 인도하심에 확고하게 따른다고 분명히 강조하며 선언하고 있다.

하나님께서는 자기의 자녀들에게 새 마음을 주시고, 하나님의 계명을 행하도록 하신다. 비록 간음, 살인, 도적질과 같은 범죄가 허락되었다 할지라도 하나님의 성령이 지배하는 곳(마음)에서는 죄를 지을 수가 없다. 하나님께서 성령으로 거듭난 자의 마음에 하나님의 율법을 새겨 놓으셨기 때문에 범죄할 수가 없는 것이다(렘 31:33).

요셉의 경우도 "내가 어찌 이 큰 악을 행하여 하나님께 죄를 지으리이까"(창 39:9)라고 하며 죄를 범하지 않은 것은 그의 마음 안에 하나님의 법, 말씀이 새겨져 있었기 때문이며, 성령의 인(印)치심이 있고, 성령의 지배가 있었기 때문이다.

다른 말로 표현하지면 하나님께로서 태어난 자에게는 하나님께서 하나님의 새 본질(new nature)을 주셨기 때문이다. 사도 요한은 이것은 "하나님의 씨(스펠마, σπέρμα)"라고 부르고 있다.

사도 바울의 경우를 보면, 그는 로마서 1장부터 11장까지 "이신득의"의 진리를 말한 다음에 12장부터는 "실천론"을 말하여 기독교 윤리를 정의하고 있다. 믿음으로 구원받아 하나님의 자녀가 되었으면, 하나님의 자녀답게 살 것을 말하고 있다.

> 그러므로 형제들아 내가 하나님의 모든 자비하심으로 너희를 권하노니 너희 몸을 하나님이 기뻐하시는 거룩한 산 제물로 드리라 이는 너희가 드릴 영적 예배니라(롬 12:1).

이 말씀의 뜻이 무엇이겠는가?

하나님의 거룩한 생명의 씨를 받았은즉, 그 삶 전체가 하나님께 드려지는, 거룩하고 살아있는 제물처럼 드려져야 할 것을 강조하신 것이 아니겠는가!

3:10 "이러므로 하나님의 자녀들과 마귀의 자녀들이 드러나나니 무릇 의를 행하지 아니하는 자나 또는 그 형제를 사랑하지 아니하는 자는 하나님께 속하지 아니하니라"(ἐν τούτῳ φανερά ἐστιν τὰ τέκνα τοῦ θεοῦ καὶ τὰ τέκνα τοῦ διαβόλου· πᾶς ὁ μὴ ποιῶν δικαιοσύνην οὐκ ἔστιν ἐκ τοῦ θεοῦ, καὶ ὁ μὴ ἀγαπῶν τὸν ἀδελφὸν αὐτοῦ).

- **'화네라'**(φανερά, 원형: 화네로스, φανερός, 분명해진, 밝혀진, 잘 알려진): 중성 복수 주격.

"드러나나니"라는 말을 "분명해진다" 혹은 "밝혀진다"라고 번역해야 알맞을 것이다. 하나님의 자녀들의 특징은 의를 행함이고, 마귀의 자녀의 특징은 죄를 범하는 것이다. 각각 그 특징들이 행위로 나타나는 것이다. 세상에서 그러한 행위의 특성을 보고 밝히 구별할 수 있다. 예수님 자신도 다음과 같이 말씀하셨다.

> 그들의 열매로 그들을 알지니 가시나무에서 포도를, 또는 엉겅퀴에서 무화과를 따겠느냐 이와 같이 좋은 나무마다 아름다운 열매를 맺고 못된 나무가 나쁜 열매를 맺나니 좋은 나무가 나쁜 열매를 맺을 수 없고 못된 나무가 아름다운 열매를 맺을 수 없느니라(마 7:16-18).

하나님의 자녀와 마귀의 자식의 식별은 입으로 하는 신앙고백이나, 지식적인 신앙 이론이나, 제도 조직에 의한 교회 소속 여하에 의해 되는 것이 아니라, 성령으로 말미암아 하나님의 자녀로 태어나 하나님의 "생명의 씨"를 받아, 그 생명력에서 나타나는 "의로운 행위"가 있느냐, 없느냐로 가능한 것이다.

또한 하나님의 생명의 씨를 받은 자는 새로운 신적 본질에 의해 반드시 그 형제를 "사랑"하게 되는 것이다. 사랑의 행위는 신적 본질의 표현이다. 그러므로 의를 행하느냐, 사랑을 행하느냐를 보고 하나님의 자녀임을 알 수 있고, 의와 사랑의 행위가 없는 자는 하나님께 속한 자가 아니라는 것을 분명히 식별하게 되는 것이다.

"너희는 세상의 소금이요, 세상의 빛이라"(마 5:13, 14)라고 말씀하신 그리스도의 뜻이 바로 여기에 있는 것이다. 이 세상 속에서 "의와 사랑"의 실천이 하나님의 생명의 "씨"를 가진 하나님의 자녀임의 표출이요, 특징이요, 그리고 사명인 것이다.

오늘날 교회가 이 세상 속에서 "의와 사랑"의 실천으로써 소금과 빛의 사명을 얼마나 하고 있는가?

3:11 "우리는 서로 사랑할지니 이는 너희가 처음부터 들은 소식이라"(ὅτι αὕτη ἐστὶν ἡ ἀγγελία ἣν ἠκούσατε ἀπ' ἀρχῆς, ἵνα ἀγαπῶμεν ἀλλήλους).

- **'앙겔리아'**(ἀγγελία): 소식, 메시지, 교훈, 계율.

"서로 사랑하라"라는 말씀은 예수 그리스도께서 하신 말씀이요, 사도 요한이 이 서신을 기록하면서 처음부터 강조하는 말씀이요, 그리고 그리스도인들이 그리스도를 영접할 때부터 들은 말씀이요, 소식이며, 교훈이다.

"서로"의 대상은 첫째는 믿음의 형제들이며 둘째는 세상의 모든 사람들이다. 예수께서 "너희가 서로 사랑하면 이로써 모든 사람이 너희가 내 제자인줄 알리라"고 말씀하셨다. 예수의 제자들의 특징은 "서로 사랑"하는 것이다. 이것은 예수의 제자 됨의 증거이기도 하다. 예수의 영적 유기체로서 한 몸을 이루어 있기 때문에 서로 사랑함으로 한 몸 됨을 유지해 가야하는 것이다. 그 한 몸 됨의 유지는 오직 성령의 강력한 능력의 역사에 의해서만 가능하다.

그리고 그 사랑의 대상은 교회 안에만 국한시킬 것이 아니라, 세상 모든 사람들을 향해서도 적극적으로 나타내져야 할 것이다.

> **3:12** "가인 같이 하지 말라 그는 악한 자에게 속하여 그 아우를 죽였으니 어떤 이유로 죽였느냐 자기의 행위는 악하고 그의 아우의 행위는 의로움이라"(οὐ καθὼς Καὶν ἐκ τοῦ πονηροῦ ἦν καὶ ἔσφαξεν τὸν ἀδελφὸν αὐτοῦ· καὶ χάριν τίνος ἔσφαξεν αὐτόν; ὅτι τὰ ἔργα αὐτοῦ πονηρὰ ἦν, τὰ δὲ τοῦ ἀδελφοῦ αὐτοῦ δίκαια).

- **'에스확센'**(ἔσφαξεν, 원형: 스화조-, σφάζω, 또는 스화트토-, σφάττω, 죽이다, 살해하다): 제1부정과거 능동태 3인칭 단수.
- **'카린 티노스'**(χάριν τίνος): 무슨 이유로.

사도 요한은 악과 의의 대표적 인물들로서 가인과 아벨 두 형제를 말하고 있다. 가인을 악을 행한 자로, 아벨을 의를 행한 자로 등장시켰다. 왜냐하면 인류 최초의 악과 의가 분별된 행동이 나타났기 때문이다. 앞 절에서 "서로 사랑하라"라고 말하고 형제 사이에 그 사랑이 실천되지 못하고, 오히려 정반대로 악의 결과가 나타났던 역사적 사실을 예(例)로 들고 있는 것이다(창 4:8).

형 가인은 근본적으로 악에 속한 자요, 악의 씨를 가진 자요, 그 행위가 언제나 악했던 것이다. 하나님을 경외하는 것도 자기 본위적이며 형식적이었고(창 4:3), 의를 행하는 동생 아벨을 늘 미워했다(창 4:6, 7). 그러나 동생 아벨은 하나님의 생명의 씨를 가진 자요, 의를 행동하는 의인이요, 하나님이 제정하신 대로 양의 피로 예배하였고(창 4:4), 하나님에게 선(善)하며, 의(義)롭다고 인정받고 있었다.

가인은 악에 속한 자이므로 의를 행하는 아벨을 미워하게 되고 그 미움이 살해라는 죄의 결과를 낳게 된 것이다. 끝까지 아우를 죽인 죄악을 회개치 아니한 것을 보면 그가 악에 속한 자임이 분명하다(창 4:9, 12-16).

가인의 일연의 행위를 볼 때, 그는 뱀의 씨의 첫 태생이요(창 3:15), 첫 인간의 맏아들이요, 첫 범죄자의 첫 아들임에 틀림이 없다. 그의 악의 의지는 제재되지 못했고, 드디어는 가장 가까운 형제인 아우를 죽이기에 이르렀다.

가인의 이러한 악의 의지가 "서로 사랑하라"라는 하나님의 절대 명령을 정면으로 거역하고 말았다. 그 결과는 하나님의 저주가 그에게 있을 뿐이었다(창 4:11-14). 가인의 악의 의지를 이어 받은 제2, 제3, 제4의 가인들, 곧 뱀의 씨들이 계속 태어나서 하나님의 뜻을 거역하고 사랑 대신에 증오와 분쟁, 전쟁과 살인의 역사를 이어갈 것이다.

그러나 아벨의 피가 하나님께 호소했으며, 아벨을 대신하여 아우 셋을 허락하사 아벨의 영적 씨를 계승케 하셨다. 가인의 후예와 셋의 후예의 대결은 주님이 재림하시는 날까지 계속될 것이다.

11. 형제애의 본질(3:13-24)

3:13 "형제들아 세상이 너희를 미워하여도 이상히 여기지 말라"
(μὴ θαυμάζετε ἀδελφοί, εἰ μισεῖ ὑμᾶς ὁ κόσμος).

- '다우마제테'(θαυμάζετε, 원형: 다우마조-, θαυμάζω, 놀래다, 이상히 여기다, 깜짝 놀라다): 현재 능동태 2인칭 복수.
- '미세이'(μισεῖ, 원형: 미세오-, μισέω, 증오하다, 미워하다): 현재 능동태 3인칭 단수.

뱀의 씨를 가진 가인의 후예들이 아직도 세상에 계속 존재하고 있다. 위대한 뱀인 마귀가 이 세상에서 하나님처럼 군림하여 지배하고 있다. 그래서 아벨의 씨를 계승하고 있는 의인(義人)들을 증오하고, 핍박하고, 죽이기까지 한다. 이런 상황이 올 때 그리스도의 보혈로 구속받은 형제들은 결코 놀라지 말고, 이상히 여기지도 말아야 한다. 왜냐하면 이것은 당연히 일어날 현상들이기 때문이다(요 15:18, 19).
"여인의 후손(씨)이 뱀의 머리를 상하게 할 것이라"라고 예언하신 대로 여인의 후손인 그리스도께서 벌써 십자가 위에서 그 머리를 박살내고 말았다. 이미 승리는 그리스도의 것이요, 그리고 우리의 것이다. 그러므로 어려운 박해 속에서 형제들은 서로 사랑하며 도와야 할 것이다. 여기에 형제애가 필요하다.

3:14 "우리는 형제를 사랑함으로 사망에서 옮겨 생명으로 들어간 줄을 알거니와 사랑하지 아니하는 자는 사망에 머물러 있느니라"(ἡμεῖς οἴδαμεν ὅτι μεταβεβήκαμεν ἐκ τοῦ θανάτου εἰς τὴν ζωήν, ὅτι ἀγαπῶμεν τοὺς ἀδελφούς· ὁ μὴ ἀγαπῶν μένει ἐν τῷ θανάτῳ).

- **'메타베베-카멘'**(μεταβεβήκαμεν, 원형: 메타바이노-, μεταβαίνω, 한 장소에서 다른 장소로 가다, 지나가다): 완료형 1인칭 복수.

사도 요한이 말하는 생명과 사망이란 육체의 생과 죽음을 말하는 것이 아니다. 그리고 단순히 영원한 생명과 사망을 말하는 것도 아니다. 이 영원한 생명과 사망이 현재적으로 자신 속에 존재하고, 경험하고 있음을 말하는 것이다.

사람이 "사랑"하는 경우에는 생명 안에 있음을 경험하게 되고, "증오"하는 경우에는 사망 안에 있음을 경험하게 되는 것이다. "생명과 사망"은 그 상태이며, "사랑과 증오"는 그 행위이다.

그래서 사도 요한은 우리에게 사망에서 옮겨 생명으로 들어간 증거로서 사랑을 명령하고 있는 것이다. 사랑을 행하는 자에게는 축복이요, 증오를 행하는 자에게는 비참함이 있을 뿐이다. 사도 요한이 여기에서 말하는 것은, 마치 형제 사랑으로 자신을 구원하고, 생명을 획득할 수 있는 것처럼 말하는 것이 아니다. 그는 여기에서 구원의 이유를 논하려는 것이 아니라, 사랑이 성령의 특별한 열매이듯이, 사랑이 중생(重生)의 확실한 상징이 됨을 말하고 있는 것이다.

그러므로 하나님의 성령으로 거듭나지 않고는 형제를 사랑할 수가 없는 것이며, 형제를 사랑하는 자에게는 동일한 하나님의 성령이 거하고 계신 것이다. 그러므로 하나님의 성령을 받아 형제를 사랑할 수 있는 것은 이미 하나님의 불가항력적 구원의 은총을 받은 것이다.

그리스도인의 형제 사랑은 우리가 사망에서 생명으로 옮겨진 "사죄(赦罪)와 칭의"의 표징이요, "구원과 하나님의 자녀 됨"의 "인"(印)의 표시이다.

> **3:15** "그 형제를 미워하는 자마다 살인하는 자니 살인하는 자마다 영생이 그 속에 거하지 아니하는 것을 너희가 아는 바라"(πᾶς ὁ μισῶν τὸν ἀδελφὸν αὐτοῦ ἀνθρωποκτόνος ἐστίν, καὶ οἴδατε ὅτι πᾶς ἀνθρωποκτόνος οὐκ ἔχει ζωὴν αἰώνιον ἐν αὐτῷ μένουσαν).

· '안드로포크토노스'(ἀνθρωποκτόνος): '안드로포스'(ἄνθρωπος, 사람) + '크테이노'(κτείνω, 죽이다) = 살인자.

미움은 살인의 근본적 원인이다. 형 가인이 아우 아벨을 죽인 것도 미움에서 시작되었다. 모세 율법에 대한 예수 당시의 서기관들의 해석 방법과 예수님의 생각은 근본적으로 달랐다. 서기관들은 살인의 실질적 행위에 대한 것이고, 예수의 말씀은 행위 이전의 마음, 곧 내적 감정인 "미움"의 마음에 대해 말씀하셨다(마 5:21, 22). 미움은 비록 무기를 가지고 죽이지 않았어도 마음으로 이미 살인한 것이다. 사도 요한의 생각도 예수님의 뜻과 동일하다.

인간의 본연의 모습은 "하나님의 형상"이다. 그리고 인간은 하나님의 직접적 동작에 의해 창조된 피조물이다. 이러한 인간을 미워하고, 살해한다는 것은 하나님의 창조 섭리에 대한 반역이며, 큰 죄악이다. 이러한 반역적 죄악을 품고 있는 그 마음에는 형제에 대한 사랑이 존재할 수 없다. 물론 하나님에 대한 사랑도 존재할 수 없다.

그러므로 진실한 회개가 없는 한 살인자에게는 속죄와 칭의(稱義)의 증거인 "영생"이 주어지지 않는다.

3:16 "그가 우리를 위하여 목숨을 버리셨으니 우리가 이로써 사랑을 알고 우리도 형제들을 위하여 목숨을 버리는 것이 마땅하니라"

(ἐν τούτῳ ἐγνώκαμεν τὴν ἀγάπην, ὅτι ἐκεῖνος ὑπὲρ ἡμῶν τὴν ψυχὴν αὐτοῦ ἔθηκεν· καὶ ἡμεῖς ὀφείλομεν ὑπὲρ τῶν ἀδελφῶν τὰς ψυχὰς τιθέναι).

- '**에데-켄**'(ἔθηκεν, 원형: 티데-미, τίθημι, 버리다, 내려놓다): 제1부정과거 능동태 3인칭 단수.
- '**오회이로멘**'(ὀφείλομεν, 원형: 오회이로, ὀφείλω, 내가 빚을 갚다, 당연하다, 마땅하다): 현재 능동태 직설법 1인칭 복수.

사도 요한은 형제애의 본질을 말하고 있다. 죄로 인하여 사망과 저주 아래 있던 우리를 구원하기 위해 하나님의 독생자 그리스도께서 속죄의 대속물이 되어 십자가에서 목숨을 버리셨다. 이것이 아버지 하나님의 사랑이요, 성자 예수 그리스도의 사랑이다(요 3:16). 이러한 사랑을 우리가 값없이 받아 구원을 얻어 하나님의 자녀가 되었다.

하나님의 자녀가 된 증거는 그리스도의 계명을 지킴에 있다. 그러므로 예수께서 다음과 같이 말씀하셨다.

내 계명은 곧 내가 너희를 사랑한 것 같이 너희도 서로 사랑하라 하는 이것이니라 사람이 친구를 위하여 자기 목숨을 버리면 이보다 더 큰 사랑이 없나니 너희는 내가 명하는 대로 행하면 곧 나의 친구라 (요 15:12-14).

이것이 형제애의 본질이다. 이 사랑을 깨달아 알게 되는 것은 오직 믿음에 의해서이다. 믿음으로 구원 얻고, 성령의 능력에 의해 그리스도와의 "신비적 연합"이 이루어 질 때 그 사랑을 비로소 깨닫게 되는 것이다. 즉 그 사랑의 크기, 높이, 깊이, 넓이가 어떠함을 구체적으로 알게 된다.

그 사랑을 체험한 사람은 그 사랑의 씨를 가지고 있어서 새로운 사명 의식을 느끼게 된다. 그 새 사명 의식이 바로 "형제에 대한 사랑"이다. 예수님이 우리를 사랑해 주신 것과 같이 우리도 형제를 사랑하고자 하는 뜨거운 사랑의 불길이 타오르게 된다. 그 사랑의 양태는 다양하게 표출될 수 있다. 예수님을 본받아 자신의 목숨을 버리기까지 하며 사랑을 실천하기에 이르게 된다.

사도 바울이 "나는 빚진 자이다"(오헤이레테-스 에이미, ὀφειλέτης εἰμί)라는 채무 의식을 강하게 느끼고, 하나님과 그리스도와 인류에게 사랑의 빚을 갚으려고 목숨을 버리는 순교의 길을 걸어갔다(롬 1:14). 빚은 반드시 갚아야 하듯 하나님과 그리스도에게 빚진 사랑의 빚을 형제와 이웃에게, 그리고 이방인에게 자기희생적 마음으로 갚아야 할 것이다.

오늘 우리들의 사랑의 채무 의식의 열도(熱度)는 어느 정도인가?

3:17 "누가 이 세상의 재물을 가지고 형제의 궁핍함을 보고도 도와줄 마음을 닫으면 하나님의 사랑이 어찌 그 속에 거하겠느냐"
(ὃς δ' ἂν ἔχῃ τὸν βίον τοῦ κόσμου καὶ θεωρῇ τὸν ἀδελφὸν αὐτοῦ χρείαν ἔχοντα καὶ κλείσῃ τὰ σπλάγχνα αὐτοῦ ἀπ' αὐτοῦ, πῶς ἡ ἀγάπη τοῦ θεοῦ μένει ἐν αὐτῷ).

- '크레이세-'(κλείση, 원형: 크레이오-, κλείω, 끝내다, 문을 닫다, 단단한 마음이 되다): 제1부정과거 가정법 능동태 남성 단수 주격.
- '스프랑크나'(σπλάγχνα): 창자, 대·소장, 마음, 사랑의 마음.
- '포-스'(πῶς): 어떻게(how).

사도 요한은 16절에서 최고의 사랑을 말한 다음에 본 절에서는 그 최고의 사랑에서 흘러 내려오는 일반적 사랑의 의무에 관해 언급하고 있다. 형제를 위해 목숨까지도 버릴 수 있는 준비가 되어 있다면 물질적으로 도움을 필요로 하는 궁핍한 형제를 보고 도와주어야 하는 것은 당연한 일이다.

그런데 도와줄 능력이 있으면서도 사랑의 마음의 문을 단단히 닫아 버리고 도와주지 않는다면 어찌 그의 마음속에 하나님의 사랑이 거하고 있다고 볼 수 있겠느냐는 것이다. 왜냐하면 마음속에 있는 것이 행위로 표현되기 때문이다. 사도 요한이 이와 같이 외적 친절을 말하는 것은 선행의 참 방법과 우리 안에 내재하여 다스리고 있는 것이 무엇임을 나타내고 있는 것이다.

궁핍한 형제에 대해 사랑의 마음을 닫아버리는 것은 하나님을 기쁘시게도 못하고 동정(숨파데이아, συμπάθεια)에도 이르지 못한다. 하나님께서는 우리가 궁핍한 형제를 보고 마음의 문을 열고 도와주는지 아니면 마음의 문을 닫고 도와주지 않는지를 보시며, 하나님에 대한 우리의 사랑을 시험하신다. 우리는 이 시험에 늘 합격하는 자가 되어야 할 것이다.

> 주린 자에게 네 심정이 동하며 괴로워하는 자의 심정을 만족하게 하면 네 빛이 흑암 중에서 떠올라 네 어둠이 낮과 같이 될 것이며 (사 58:10).

3:18 "자녀들아 우리가 말과 혀로만 사랑하지 말고 행함과 진실함으로 하자"(Τεκνία, μὴ ἀγαπῶμεν λόγῳ μηδὲ τῇ γλώσσῃ ἀλλὰ ἐν ἔργῳ καὶ ἀληθείᾳ).

말과 혀로만 사랑한다고 하며 실천이 없는 것은 거짓된 사랑이며, 속임이다. 왜냐하면 참 사랑은 진실해야 하며 행동이 수반해야 하기 때문이다. 그러므로 아첨의 말로 사랑한다는 것은 그리스도인의 사랑이 아니다. 참 그리스도인의 사랑은 그리스도를 본받아 자기희생에 의해 진실함과 행함으로 나타내는 사랑이어야 한다. 거짓된 사랑은 자기를 속이는 것이며, 나아가 하나님을 기만하는 죄가 된다.

하나님께서는 어느 시대, 어느 사회에서나 언행일치의 사랑을 실행하는 사람을 찾으신다. 그런 사람을 의인이라 인정하시며, 그러한 의인이 많을수록 그 사회와 민족은 축복을 받는다. 역사상 의인이 없으므로 소돔과 고모라는 하늘에서 내리는 유황과 불로 멸망했으며(창 18:22-33), 의인(義人) 한 사람이 없으므로 성도(聖都) 예루살렘이 멸망당하고 말았다(렘 5:1).

3:19 "이로써 우리가 진리에 속한 줄을 알고 또 우리 마음을 주 앞에서 굳세게 하리니"(ἐν τούτῳ γνωσόμεθα ὅτι ἐκ τῆς ἀληθείας ἐσμέν, καὶ ἔμπροσθεν αὐτοῦ πείσομεν τὴν καρδίαν ἡμῶν).

"이로써"(엔 투토-, ἐν τούτῳ)라 함은 "진실된 마음과 언행일치하게 형제를 사랑함으로"라는 뜻이다. 이렇게 사랑을 실천하는 그리스도인은 진리 안에 소속되어 있음을 알게 되는 것이다. 그리고 그 상태에서 만족할 것이 아니라, 그러한 착한 마음을 주님 앞에서 계속 유지하기 위해 앞으로 더욱 강화(强化)시켜 나가야 한다.

'페이소멘'(πείσομεν)은 '페이도'(πείθω, 권유하다, 자극하다, 복종하다, 신뢰하다)의 미래형이다. 그래서 사도 요한은 그리스도인은 주님을 더욱 신뢰하고, 그 뜻에 복종하며, 자아를 자극하여 그 선행을 실천해 나아갈 것을 말하고 있다. 형제 사랑은 일시적으로 실천하고 끝내는 것이 아니라, 주님이 다시 오시는 날까지 계속해야 할 일이다.

3:20 "이는 우리 마음이 혹 우리를 책망할 일이 있어도 하나님은 우리 마음보다 크시고 모든 것을 아시기 때문이라"(ὅτι ἐὰν καταγινώσκῃ ἡμῶν ἡ καρδία, ὅτι μείζων ἐστὶν ὁ θεὸς τῆς καρδίας ἡμῶν καὶ γινώσκει πάντα).

- **'카타기노-스케-'**(καταγινώσκῃ, 원형: 카타기노-스코-, καταγινώσκω[κατά + γινώσκω], 정죄하다, 책망하다, 꾸짖다): 현재 능동태 가정법 3인칭 단수.

"사람의 영혼은 여호와의 등불이라 사람의 깊은 속을 살피느니라"(잠 20:27)라는 말씀처럼, "하나님을 향한 선한 양심"(벧전 3:21) 곧 인간의 양심이 자아의 잘못을 자책하는 일이 있거늘 하물며 인간의 마음을 창조하시고, '불꽃 같은 눈'(계 1:14)으로 살피시는 위대하신 하나님께서 인간의 마음의 허위와 진실을 다 보고 계시며, 알고 계시다. 그 전지(全知)하신 하나님 앞에는 지극히 작은 잘못도 숨길 수 없고 용납될 수 없다.

그러므로 하나님께서 인간의 잘못을 보시고 얼마나 책망하시고 정죄하시겠는가!

이것은 거룩하신 하나님께서 그리스도인을 사랑하시기 때문에 그리스도인이 더욱 성결하기 원하시며, 진실하기 원하시는 뜻이 아니겠는가!

3:21 "사랑하는 자들아 만일 우리 마음이 우리를 책망할 것이 없으면 하나님 앞에서 담대함을 얻고"(Ἀγαπητοί, ἐὰν ἡ καρδία ἡμῶν μὴ καταγινώσκῃ, παρρησίαν ἔχομεν πρὸς τὸν θεόν).

· **'팔레시안'**(παρρησίαν, 원형: 팔레시아, παρρησία, 말함의 자유, 담대함, 보증, 확신): 목적격, 단수.

사도 요한이 "사랑하는 자들아"라고 부르는 것은 교회 안에 있는 거짓 선지자나 조악한 위선자들을 향해 말하는 것이 아니라, "성도들"을 향해 부르고 있다. 솔로몬이 "사람의 행위가 자기 보기에는 모두 깨끗하여도 여호와는 심령을 감찰하시느니라"(잠 16:2)라고 말한 바대로 심령을 감찰하시는 하나님 앞에 정직히 살려고 노력하는 신실한 신앙인들을 향함이다.

사도 요한이 '에안'(ἐὰν, 만일)이라고 강조하는 이유는, 날마다 실패하는 나약한 인간성을 잘 알기 때문이 아니겠는가?

하루하루의 삶이 실패의 연속이라 할지라도 그리스도인에게는 양심의 책망이나, 하나님의 책망과 정죄를 피할 수 있는 방법이 있다. 사도 바울은 이렇게 말해 주었다.

우리가 그 안에서 그를 믿음으로 말미암아 담대함과 확신을 가지고 하나님께 나아감을 얻느니라(엡 3:12).

우리에게는 예수 그리스도의 십자가의 보혈의 공로를 신뢰하는 믿음이 있다. 이 믿음으로 속죄함을 얻고, 의롭다 하심을 얻고, 구원 얻었은즉, 하나님의 자녀로서 실패가 있다 해도, 믿음으로 회개할 때, 그 실패도 용서받고 하나님과의 관계가 회복되는 것이다. 그러므로 우리는 양심의 책망을 피할 수 있을 뿐만 아니라 감히 거룩하신 하나님 앞에 나아갈 담대함을 얻을 수 있게 되는 것이다. 이것은 하나님과 화평(화목)을 얻은 증거이기도 하다(롬 5:1).

"하나님 앞에 담대함을 얻는다"는 것은 우리의 중보자(仲保者)이신 예수 그리스도의 공로를 힘입어 하나님의 자녀의 자격으로 아버지 하나님 앞으로 나아가 아무런 거리낌 없이, 자유스럽게, 담대하게, 확신을 가지고 아뢸 수 있게 됨을 의미한다.

3:22 "무엇이든지 구하는 바를 그에게서 받나니 이는 우리가 그의 계명을 지키고 그 앞에서 기뻐하시는 것을 행함이라"(καὶ ὃ ἂν αἰτῶμεν λαμβάνομεν ἀπ' αὐτοῦ, ὅτι τὰς ἐντολὰς αὐτοῦ τηροῦμεν καὶ τὰ ἀρεστὰ ἐνώπιον αὐτοῦ ποιοῦμεν).

- '아이토-멘'(αἰτῶμεν, 원형: 아이테오-, αἰτέω, 내가 요구하다, 구하다, 필요로 하다): 현재 가정법 능동태 1인칭 복수.
- '테-루멘'(τηροῦμεν, 원형: 테-레오-, τηρέω, 지키다, 살피다): 현재 직설법 능동태 1인칭 복수.
- '아레스타'(ἀρεστὰ): 기뻐하는.

하나님 앞에 담대함을 얻은 그리스도인은 반드시 하나님의 계명들을 지키고, 하나님이 기뻐하시는 일을 실행하게 된다. 그리고 하나님의 뜻에 합당한 기도를 드리게 된다. 이러한 태도는 하나님을 기쁘시게 해드리는 것이 되므로, 하나님께 요구하는 것은 무엇이든지 응답받게 되는 것이다.

그렇지만 위선자와 거짓 선지자들에게는 기도 응답의 문이 닫혀져 있다. 왜냐하면 그들에게는 하나님을 기쁘시게 해드리는 착한 믿음의 마음과 사랑의 행위가 없기 때문이다. 물론 이런 사람은 하나님의 계명과 율법을 지키지 않는다.

> **내가 나의 마음에 죄악을 품었더라면 주께서 듣지 아니하시리라**
> (시 66:18).

> **사람이 귀를 돌려 율법을 듣지 아니하면 그의 기도도 가증하니라**
> (잠 28:9).

3:23 "그의 계명은 이것이니 곧 그 아들 예수 그리스도의 이름을 믿고 그가 우리에게 주신 계명대로 서로 사랑할 것이니라"(καὶ αὕτη ἐστὶν ἡ ἐντολὴ αὐτοῦ, ἵνα πιστεύσωμεν τῷ ὀνόματι τοῦ υἱοῦ αὐτοῦ Ἰησοῦ Χριστοῦ καὶ ἀγαπῶμεν ἀλλήλους, καθὼς ἔδωκεν ἐντολὴν ἡμῖν).

- **'피스튜소-멘'**(πιστεύσωμεν, 원형: 피스튜-오-, πιστεύω, 내가 믿다): 제1부정과거 가정법 1인칭 복수.
- **'아가포-멘'**(ἀγαπῶμεν, 원형: 아가파오-, ἀγαπάω, 사랑하다): 현재 가정법 1인칭 복수.

하나님이 그리스도인에게 명하시는 계명은,

첫째, 예수를 하나님의 아들이시요, 그리스도 곧 구세주 되심을 믿는 것이다. 성경이 가르치는 믿음(피스티스, πίστις)이란, 진실한 보증이 되시는 하나님과 예수 그리스도와 성령과 하나님의 말씀에 견고한 확신을 가지고 나 자신을 온전히 맡기는 것이다.

둘째, 형제(이웃)를 사랑하는 것이다. 형제 사랑은 그리스도를 믿는다는 행위적 표현이요, 믿음의 증거이다. 사랑으로 나타나지 않는 믿음은 아직 유아적 상태에 있거나, 허위이거나, 죽은 믿음일 것이다. 그것은 하나님을 경외하는 신앙이 아니다. 하나님께서 그리스도인에게 이 계명을 주시는 이유는 하나님의 자녀된 우리를 사랑하사 영육간에 더욱 풍성한 삶을 살도록 축복을 주시기 위함이다. 이 계명이 실천되는 가정과 사회에는 하나님의 보호와 축복의 시선(視線)이 떠나지 않을 것이다.

3:24 "그의 계명을 지키는 자는 주 안에 거하고 주는 그의 안에 거하시나니 우리에게 주신 성령으로 말미암아 그가 우리 안에 거하시는 줄을 우리가 아느니라"(καὶ ὁ τηρῶν τὰς ἐντολὰς αὐτοῦ ἐν αὐτῷ μένει καὶ αὐτὸς ἐν αὐτῷ· καὶ ἐν τούτῳ γινώσκομεν ὅτι μένει ἐν ἡμῖν, ἐκ τοῦ πνεύματος οὗ ἡμῖν ἔδωκεν).

그리스도의 계명을 지키느냐, 지키지 않느냐라는 문제는 주님께서 그리스도인 안에 계시고, 그리고 그리스도인이 그리스도 안에 있음을 확인할 수 있는 척도요, 기준이 된다. 그리스도인 안에 내주(內住)하시는 성령께서는 그리스도의 영(靈)이시기 때문에 그리스도께서 명하신 계명을 지키도록 역사하신다. 그리고 계명을 지킬 수 있는 능력을 주시고, 기쁨으로 지키도록 도와주신다.

> 그(성령)는 너희와 함께 거하심이요 또 너희 속에 계시겠음이라
> (요 14:17).

사도 요한은 "안에"(엔, ἐν)라는 단어를 애용하고 있는데, 이 단어는 "일체, 한 몸, 일치"라는 뜻을 지닌 단어이다. 사도 요한은 이 단어를 통해 그리스도와 그리스도인과의 관계가 하나님의 사랑과 신자의 믿음으로 하나로 묶여져 영적으로 한 몸을 형성하고 있음을 말하고 있을 뿐만 아니라 성령께서 그리스도가 우리 안에 거하고 계심을 확증시켜 주고 있는 것이다.

진실로, 그리스도의 계명을 지키는 자만이 하나님 안에 거하고, 그리스도와 연합하게 되고, 하나님을 향해 "아바 아버지"(Ἀββα, Πατήρ)라고 부를 수 있으며, 하나님의 영이 우리 마음에 "인"(印)쳐 주셨음을 증거하는 것이다. 그리고 우리 안에 행해지는 모든 선한 일들이 성령의 은혜로 말미암아 생산된다. 즉 형제 사랑과 같은 선한 일이 성령의 은혜에 의해 생산된다.

12. 하나님의 영과 사탄의 영(4:1-6)

4:1 "사랑하는 자들아 영을 다 믿지 말고 오직 영들이 하나님께 속하였나 분별하라 많은 거짓 선지자가 세상에 나왔음이라"(Ἀγαπητοί, μὴ παντὶ πνεύματι πιστεύετε, ἀλλὰ δοκιμάζετε τὰ πνεύματα εἰ ἐκ τοῦ Θεοῦ ἐστίν, ὅτι πολλοὶ ψευδοπροφῆται ἐξεληλύθασιν εἰς τὸν κόσμον).

- '**도키마제테**'(δοκιμάζετε, 원형: 도키마조-, δοκιμάζω, 시험하다, 증명하다, 시금하다): 미완료 능동태 2인칭 복수.
- '**푸슈도프로회-타이**'(ψευδοπροφῆται): 거짓 선지자들.
- '**엑세레루다신**'(ἐξεληλύθασιν, 원형: 엑셀코마이, ἐξέρχομαι, 밖으로 나오다): 완료형 3인칭 복수.

영(靈, 프뉴마, πνεῦμα)를 크게 두 가지로 나누어 볼 수 있다.
첫째, 하나님의 영, 진리의 영이고,
둘째, 사탄의 영, 거짓의 영이다.
예수께서는 사탄을 가리켜 "그가 거짓말쟁이요 거짓의 아비가 되었음이라"(요 8:44)라고 말씀하셨다. 사탄은 사람들을 속이고 자기에게로 이끌기 위해 "자기를 광명의 천사로 가장"(고후 11:14)한다. 그리고 그 사탄을 추종하는 일꾼들도 "자기를 의의 일꾼으로 가장"(고후 11:15)한다.

그러므로 영적인 일이 일어날 때 그 영이 하나님께로부터 말미암은 것인가 아니면 사탄으로부터 말미암은 것인가를 식별해 보아야 한다. 진리의 영인가, 아니면 거짓의 영인가를 식별하기 위해서는 시금석으로 금을 시험해 보듯이 반드시 시험해 보아야 한다. 그 영을 시험하는 방법은 "그 행위"(고후 11:15)로, "그의 열매로"(마 7:16) 아는 것이다.

거짓 선지자는 양의 옷을 입고, 순한 양으로 가장하지만 그 속에는 노략질하는 악령의 세력이 강하게 있을 뿐이다(마 7:15). 사도 요한의 시대에 벌써 사탄의 영을 받은 거짓 선지자들이 세상에 나타났고, 교회 안에 깊이 침투해왔기 때문에 주의와 경계심을 일으키고 있는 것이다.

4:2-3 "이로써 너희가 하나님의 영을 알지니 곧 예수 그리스도께서 육체로 오신 것을 시인하는 영마다 하나님께 속한 것이요 예수를 시인하지 아니하는 영마다 하나님께 속한 것이 아니니 이것이 곧 적그리스도의 영이니라 오리라 한 말을 너희가 들었거니와 지금 벌써 세상에 있느니라"(ἐν τούτῳ γινώσκετε τὸ πνεῦμα τοῦ θεοῦ· πᾶν πνεῦμα ὃ ὁμολογεῖ Ἰησοῦν Χριστὸν ἐν σαρκὶ ἐληλυθότα ἐκ τοῦ θεοῦ ἐστίν, καὶ πᾶν πνεῦμα ὃ μὴ ὁμολογεῖ τὸν Ἰησοῦν ἐκ τοῦ θεοῦ οὐκ ἔστιν· καὶ τοῦτό ἐστιν τὸ τοῦ ἀντιχρίστου, ὃ ἀκηκόατε ὅτι ἔρχεται, καὶ νῦν ἐν τῷ κόσμῳ ἐστὶν ἤδη).

- '**호모로게이**'(ὁμολογεῖ, 원형: 호모로게오-, ὁμολογέω, 같은 말을 하다, 동의하다, 시인하다): 현재 능동태 직설법 3인칭 단수.
- '**에레-루도타**'(ἐληλυθότα, 원형: 엘코마이, ἔρχομαι, 내가 오다, 가다): 완료형 분사 남성 단수 여격.
- '**에데-**'(ἤδη): 이미, 벌써.

영을 시험하는 방법으로 "그 행위와 열매"를 보아 식별하는 것이라고 했다. 그 행위와 열매는 예수 그리스도의 성육신(成肉身)의 진리를 시인하고 동의함에 있다. 하나님이 말씀하시고, 예수님이 말씀하시고, 사도들이 증거하는 하나님의 아들 예수 그리스도께서 동정녀의 몸에 성령으로 잉태되어 탄생하신 사실을 믿음으로 수락하고 시인하는 사람은 하나님께 속하였으나, 부인하는 자는 하나님께 속하지 아니하고, 적그리스도에게 속한 것임을 알 수 있다.

예수 그리스도의 신성(神性)이나 인성(人性)을 부정하는 자는 적그리스도의 영을 받은 자로서 적그리스도의 종들이요, 그의 일꾼들이다.

현재(눈, νῦν), 이미 세상에 들어와 있음을 사도 요한이 말하고 있다.

예수 그리스도의 성육신의 진리를 부정할 경우 거기에는 성경의 진리가 근본적으로 부정되는 것이다. 성경의 신관(神觀), 인간관, 기독관, 구원관, 교회관, 종말관이 부정되고 마는 것이다. 거짓의 아비인 사탄이 바로 이런 점을 노리고 있는 것이며, 궁극적으로는 기독교를 박멸하려는 것이다. 이러한 세력은 정치, 경제, 문화, 종교, 과학 등을 총동원해서 다양하고 치밀하게 공격한다.

적그리스도의 영이 이미 세상에 있으면서, 비밀리에 죄악을 자행하고 있었다. 오늘에 이르기까지도 사탄이 하나님의 진리를 허위와 속임수로 이기지 못했으며, 하나님 예배를 타락시키는 데 성공하지 못했다.

하나님의 영과 적그리스도의 영을 식별하는 비결은 "하나님의 말씀"이다. 그리고 하나님의 말씀을 바르게 깨달을 수 있는 "식별(識別)의 영"을 받아야 하고, 그 성령에 의해서 가르침을 받아야 한다. 우리의 온 생각을 하나님의 말씀에 복종시킨다면, 성령께서 우리를 참된 식별로 인도해 주실 것이다.

4:4 "자녀들아 너희는 하나님께 속하였고 또 그들을 이기었나니 이는 너희 안에 계신 이가 세상에 있는 자보다 크심이라"(ὑμεῖς ἐκ τοῦ θεοῦ ἐστέ, τεκνία, καὶ νενικήκατε αὐτούς, ὅτι μείζων ἐστὶν ὁ ἐν ὑμῖν ἢ ὁ ἐν τῷ κόσμῳ).

- '네니케-카테'(νενικήκατε, 원형: 니카오-, νικάω, 정복하다, 이기다): 완료 능동태 2인칭 복수.
- '에-'(ἤ): ~보다(than).

사도 요한은 앞 절에서 적그리스도가 이미 세상에 들어와 있음을 말한 다음에 그리스도인의 승리를 말하고 있다. 적그리스도의 영, 곧 사탄의 영의 능력은 인간을 초월하며, 그리스도인과 교회를 다각적으로 핍박할 수 있으므로 성도는 종종 두려워하게 된다.

사도 요한의 경우 그의 문장을 보면 일반적으로 "호격"을 사용할 때면 문장 초두에 두고 있다. 그러나 이 본문(원문)에서는 "너희는 하나님께 속해 있다"라는 문장을 앞에 두고, 그 다음에 "자녀들아"라고 부르고 있다. 그 목적은 하나님의 자녀 된 그리스도인들에게 힘과 용기를 주기 위해서요, 승리의 확신을 주기 위해서이다.

그리스도인은 하나님에게서 출생한 자요, 하나님께 속해 있는 자이다. 그리고 하나님의 영이 그 안에 거하여 계시다. 사탄이 아무리 초자연적 능력을 가지고 있다 해도 하나님의 능력에는 미치지 못하는 것이다. 그래서 '메이존'(μείζων, 더 크다)이라고 비교하고 있다.

하나님과 사탄과의 싸움은 창세기 3:15에서 시작하여, 그리스도의 십자가 위에서의 죽음과 부활로 하나님의 승리가 결정되었다. 그렇지만 그리스도의 재림까지는 그 잔전(殘戰)이 계속될 것이다. 이 잔전은 지상에 있는 성도와 교회의 몫이다.

그러므로 예수께서는 "볼지어다 내가 세상 끝날까지 너희와 항상 함께 있으리라 하시니라"(마 28:20)라고 약속하셨고, 지금은 사도 요한을 통해서 하나님의 영으로 인해 승리함을 확신시켜주고, 용기를 주고 있다. 그래서 사도 요한은 성도와 교회가 사탄과 적그리스도와의 싸움에서 이미 "너희들이 그들을 이기었다. 정복했다"(네니케-카테 아우투스, νενικήκατε αὐτούς)라고 "완료형"을 사용하고 있다.

이것이 성도와 교회의 영적 승리의 개가(凱歌)가 아니겠는가!

4:5 "그들은 세상에 속한 고로 세상에 속한 말을 하매 세상이 그들의 말을 듣느니라"(αὐτοὶ ἐκ τοῦ κόσμου εἰσίν· διὰ τοῦτο ἐκ τοῦ κόσμου λαλοῦσιν καὶ ὁ κόσμος αὐτῶν ἀκούει).

거짓 선지자와 적그리스도는 세상을 지배하는 사탄에게 속한 자들이기 때문에 사탄의 영의 지배를 받으며, 복종한다. 그러므로 거짓 선지자와 적그리스도가 사탄이 시키는 말을 하게 되면 사탄의 영향 아래 있는 세상 인간들이 그들의 말에 귀를 기울이게 되는 것이며, 추종하게 된다.

4:6 "우리는 하나님께 속하였으니 하나님을 아는 자는 우리의 말을 듣고 하나님께 속하지 아니한 자는 우리의 말을 듣지 아니하나니 진리의 영과 미혹의 영을 이로써 아느니라"(ἡμεῖς ἐκ τοῦ θεοῦ ἐσμέν· ὁ γινώσκων τὸν θεὸν ἀκούει ἡμῶν, ὃς οὐκ ἔστιν ἐκ τοῦ θεοῦ οὐκ ἀκούει ἡμῶν. ἐκ τούτου γινώσκομεν τὸ πνεῦμα τῆς ἀληθείας καὶ τὸ πνεῦμα τῆς πλάνης).

· **프라네스**(πλάνης): 방황, 사기, 현혹, 미혹.

사도 요한과 다른 사도들이 전하는 복음을 듣고, 믿고, 따르는 자들보다 거짓 선지자들이 전하는 말을 듣고 따르는 자들이 훨씬 많았다. 그 이유는 거짓 선지자들이 전하는 말이 매우 매력적이고, 현실감이 있고, 이익이 되어 보이고, 희망적으로 들리기 때문이다. 선지자 예레미야와 거짓 선지자 하나냐의 경우에 분명히 나타나 있다(렘 28:1-17). 어느 시대에나 하나님의 복음을 받아들이는 자는 그 수가 적다. 그러나 세상의 유혹적인 말을 듣는 자들의 수는 매우 많다.

선지자와 교사들의 입에서 나오는 그 말들의 출처가 어디인가?

그들이 복음이라고 전하는 그 복음의 근원이 어디인가?

이것들을 분명히 알게 되면 그들의 소속이 어디인지를 알게 되는 것이다. 이것을 알 수 있는 비결은 바로 하나님의 말씀이다. 성경으로 돌아가서 하나님이 의도하신 바 그 원래의 뜻이 무엇인가를 깨닫게 되면, 그들의 말들의 근원이 어디인지를 발견하게 될 것이다. 사도 바울은 이미 "다른 복음"이 전해지고 있음을 알고 경계하였다(갈 1:6-8).

하나님의 말씀인 성경의 원의(原義)를 알면 진리의 영과 미혹의 영을 쉽게 식별이 가능한 것이다. 예수 그리스도의 성육신의 진리를 부정하고, 예수 그리스도의 신성이나, 인성을 부정하고, 그의 대속의 죽음을 부정하고, 생명의 부활과 승천과 재림을 부정하는 것은 모두 적그리스도의 영, 미혹의 영으로 말미암은 것이며, 그 근원은 바로 사탄이다.

그러나 그와 반대로 진리의 영을 가진 자는 예수 그리스도가 참 하나님이요, 참 사람으로 성육신하신 하나님의 아들이심을 시인하고, 그의 대속의 죽음, 생명의 부활과 승천, 그리고 재림을 믿고, 고백하고, 가르치고 전한다. 이렇게 나타난 열매로 진리의 영과 유혹의 영을 식별할 수 있는 것이다.

13. 서로 사랑하라(4:7-21)

4:7-8 "사랑하는 자들아 우리가 서로 사랑하자 사랑은 하나님께 속한 것이니 사랑하는 자마다 하나님으로부터 나서 하나님을 알고 사랑하지 아니하는 자는 하나님을 알지 못하나니 이는 하나님은 사랑이심이라"(Ἀγαπητοί, ἀγαπῶμεν ἀλλήλους, ὅτι ἡ ἀγάπη ἐκ τοῦ θεοῦ ἐστίν, καὶ πᾶς ὁ ἀγαπῶν ἐκ τοῦ θεοῦ γεγέννηται καὶ γινώσκει τὸν θεόν. ὁ μὴ ἀγαπῶν οὐκ ἔγνω τὸν θεόν, ὅτι ὁ θεὸς ἀγάπη ἐστίν).

사도 요한은 특히 그리스도인 간에 "서로 사랑하라"라고 권유하고 있다. 왜냐하면 성도들은 그리스도 안에서 사랑으로 연합되어 있기 때문이다. 그 "사랑은 하나님께 속한 것이다"라고 함은 하나님이 "사랑"(아가페-, ἀγάπη)의 원천이시요, 근원이시요, 창조자시요, 명령자이시라는 뜻이다. 그리고 그 사랑은 율법과 복음의 총체이기도 하다(마 22:36-40).

그 사랑을 받아 성령으로 거듭나서, 하나님의 자녀가 된 그리스도인은 하나님에게서 하나님의 영, 곧 사랑의 영을 받았다. 하나님의 자녀 안에 있는 새로운 성질은 하나님의 사랑의 열매이다. 그러므로 사도 바울도 "성령의 열매는 사랑"(갈 5:22)이라고 말했다. 형제애적 사랑의 행위는 성령이 내재하심을 자증(自證)하는 것이며, 참된 신지식(神知識)을 소유하고 있음을 말하고 있는 것이다.

그러나 형제를 사랑하지 않는 자는 그 안에 사랑의 영, 곧 하나님의 영이 없기 때문에 하나님을 알지 못하고 있는 것이다. 하나님에 대한 참 지식이 없기 때문에 성경에 계시된 참 하나님 대신에 다른 것을 하나님으로 섬긴다. 그 대상이 황금 송아지(출 32:4), 금신(金神,

출 32:31)일 수도 있고, 권력, 명예, 과학, 쾌락 및 인본주의적(人本主義
的) 사상, 우상 등이 될 수도 있다.

사도 요한은 "하나님은 사랑이심이라"(호 데오스 아가페- 에스틴, ὁ θεὸς ἀγάπη ἐστίν)라는 한마디로 하나님을 전부 설명하고 있다. 그것은 하나님의 본질적 속성이 "아가페"이심을 알기 때문이다. 이 아가페의 속성을 분여 받은 그리스도인을 향해서는 "서로 사랑하라"라고 엄히 명령하고 계시다. 이것은 지상 교회에게 주어진 사명이다.

4:9 "하나님의 사랑이 우리에게 이렇게 나타난 바 되었으니 하나님이 자기의 독생자를 세상에 보내심은 그로 말미암아 우리를 살리려 하심이라"(ἐν τούτῳ ἐφανερώθη ἡ ἀγάπη τοῦ θεοῦ ἐν ἡμῖν, ὅτι τὸν υἱὸν αὐτοῦ τὸν μονογενῆ ἀπέσταλκεν ὁ θεὸς εἰς τὸν κόσμον ἵνα ζήσωμεν δι' αὐτοῦ).

- '**메노게네-**'(μονογενῆ, 원형: 모노게네스, μονογενής[μόνος + γένος], 독생자): 목적격 남성 단수.
- '**아페스탈켄**'(ἀπέσταλκεν, 원형: 아페스텔로-, ἀποστέλλω, 보내다): 완료 능동태 3인칭 단수.
- '**제-소-멘**'(ζήσωμεν, 원형: 자오-, ζάω, 살리다): 제1부정과거, 가정법 1인칭 복수.

사도 요한은 요한복음 3:16에 "하나님이 세상을 이처럼 사랑하사 독생자를 주셨으니 이는 그를 믿는 자마다 멸망하지 않고 영생을 얻게 하려 하심이라"라고 하신 말씀과 동일한 사상으로서, 하나님께서 독생자 예수 그리스도를 이 세상에 나타내 주심에 있어서 그 동기와 목적을 분명히 명시하고 있다. 즉 그 동기는 사랑(아가페)이다. 그 목적은 넓은 의미로는 인류의 구원이요, 좁은 의미로는 택함 받은 자들의 구원이다.

"아가페"를 본질로 하고 계시는 하나님께서 그 사랑을 감추어 두실 수만 없어 구체적으로 표현해 주신 것이 독생자를 세상에 보내주심과 희생이다. 그리스도가 하나님의 어린 양의 모습으로 십자가에 죽으심으로 인류에게 구원의 길을 열어 주셨고, 이 구원이 바로 영생이다.

이처럼 사탄의 지배 아래 있었고, 죄악의 자녀였고, 영원히 지옥의 형벌을 받을 수밖에 없던 우리를 하나님의 사랑은 독생자의 십자가 희생이라는 속전을 지불하심으로써 우리를 속량하여 구속해 주셨고, 영생이라는 새 생명을 주셨고, 하나님의 자녀라는 새 신분을 주셨다. 그리고 "그리스도와 함께한 후사"(순크레로노모이 데 크리스투, συνκληρονόμοι Χριστοῦ), 곧 공동상속자(共同相續者)가 되게 해 주셨다 (롬 8:17).

이것은 하나님의 은총이다. 말로 표현할 길이 없는 감사한 은총이다. 우리는 이 사랑을 아무 값없이 은혜로 받은 자들이다.

4:10 "사랑은 여기 있으니 우리가 하나님을 사랑한 것이 아니요 하나님이 우리를 사랑하사 우리 죄를 속하기 위하여 화목 제물로 그 아들을 보내셨음이라"(ἐν τούτῳ ἐστὶν ἡ ἀγάπη, οὐχ ὅτι ἡμεῖς ἠγαπήκαμεν τὸν θεόν, ἀλλ᾽ ὅτι αὐτὸς ἠγάπησεν ἡμᾶς καὶ ἀπέστειλεν τὸν υἱὸν αὐτοῦ ἱλασμὸν περὶ τῶν ἁμαρτιῶν ἡμῶν).

· **'히라스몬'**(ἱλασμὸν, 목적격 남성 단수): 화해, 속죄, 속죄를 이루는 자, 화해 혹은 속죄의 제물.

하나님이 지니신 본질이 "아가페"(사랑)이므로, 하나님이 사랑의 원천, 근원이시요, 시작이시다.

그 하나님께서 먼저 우리를 사랑해 주지 않으셨다면, 우리가 어찌 하나님을 알며, 하나님을 사랑하며, 또 사랑하는 방법을 알 수 있겠는가?

우리가 하나님을 알지도 사랑하지 못하고 있을 때, 우리가 죄악 중에 있고 비참함과 도움 받을 길이 없을 때, 우리가 영적으로나 육체적으로 불치의 병에 걸려 죽어가고 있으며, 너무나도 더러워져서 거룩한 피로 깨끗이 씻음을 받기 원하고 있을 때, 하나님께서 우리를 사랑하셨다.

하나님이 인간에게 주시는 사랑 중에 최고의 것은 "속죄"이다. 죄의 값은 사망인즉(롬 6:23), 그 사망을 대신할 수 있는 것은 생명뿐이다. 생명은 피에 있다(레 17:11, 14).

그리고 피 흘림이 없은즉 사함이 없다(히 9:22; 레 17:11). 피가 아니면 속(贖)할 수 없다(민 35:33)고 하신 하나님께서 친히 최초의 인간을 위해 생명의 피로 속죄할 길을 열으셨다(창 3:21).

구약 제사의 양(羊)의 희생은 장차 오실 하나님의 어린 양인 예수 그리스도의 모형이었다. 하나님께서 독생자 예수 그리스도를 세상에 보내심은 하나님과 인간과의 사이에 화목을 이루기 위한 제물, 곧 속죄 제물로 보내어 십자가에 희생시키셨다. 이것이 속죄를 위한 하나님의 사랑이다. 이 속죄를 위해 흘리신 그리스도의 피가 영원한 언약의 피이다(마 26:28; 막 14:24; 눅 22:20).

창세기 3:21에 명시된 바 하나님이 에덴 동산에서 첫 사람 아담을 위해 제정하신 속죄를 위한 피의 언약이 갈보리 언덕 십자가 상에서 예수 그리스도에 의해 완성된 것이다.

4:11 "사랑하는 자들아 하나님이 이같이 우리를 사랑하셨은즉 우리도 서로 사랑하는 것이 마땅하도다"(Ἀγαπητοί, εἰ οὕτως ὁ θεὸς ἠγάπησεν ἡμᾶς, καὶ ἡμεῖς ὀφείλομεν ἀλλήλους ἀγαπᾶν).

- **'오훼이로멘'**(ὀφείλομεν, 원형: 오훼이로-, ὀφείλω, 지불할 의무가 있다, 빚이 있다, 당연하다): 현재 직설법 능동태 1인칭 복수.
- **'아가판'**(ἀγαπᾶν, 원형: 아가파오-, ἀγαπάω, 사랑하다): 현재 부정사 능동태.

사도 요한은 지금까지 하나님의 사랑을 구체적으로 설명하고, 그 사랑을 은혜로 받은 성도들이 어떠한 태도를 취해야 마땅한가를 말하고 있다. 즉 "서로 사랑하는 것이 마땅하도다"라고 역설하고 있다. 여기에 사용된 '오훼이로'(ὀφείλω)라는 단어는 채무자가 채권자에게 당연히 채무 이행을 해야 한다는 뜻이다. 그러므로 사도 요한은 그리스도인이라 하면 회피할 수 없이 채무 의식을 가지고 마땅히 형제를 사랑해야 한다는 것을 말하고 있다.

사도 바울은 그리스도인 사이에 행해야 하는 일반적인 사랑을 뛰어넘어 스스로 "복음의 빚진 자"(롬 1:14)라고 고백하고 있다. 진실로 참 그리스도인이라면 인류를 향해 복음을 전해야 한다는 채무 의식을 가져야 할 것이다. 다른 사람들의 영혼(생명) 구원을 위한 사랑의 실천이 보다 귀한 일일 것이다.

4:12 "어느 때나 하나님을 본 사람이 없으되 만일 우리가 서로 사랑하면 하나님이 우리 안에 거하시고 그의 사랑이 우리 안에 온전히 이루어지느니라"(θεὸν οὐδεὶς πώποτε τεθέαται· ἐὰν ἀγαπῶμεν ἀλλήλους, ὁ θεὸς ἐν ἡμῖν μένει καὶ ἡ ἀγάπη αὐτοῦ τετελειωμένη ἐν ἡμῖν ἐστίν).

- '포-포테'(πώποτε): 어느 때나, 지금까지.
- '테데아타이'(τεθέαται, 원형: 데아오마이, θεάομαι, 주시하다, 보다): 완료 능동태 3인칭 단수.
- '테테레이오-메네-'(τετελειωμένη, 원형: 테레이오오-, τελειόω, 달성하다, 완성하다): 완료 수동태 분사 여성 단수 주격.

하나님께서 독생자 예수 그리스도를 십자가에 희생시키기까지 사랑하신 그 완전한 사랑을 은혜로 우리에게 주셨다. 우리 안에 주어진 사랑을 성령의 능력으로 형제와 이웃에게 나타내 실천할 때 하나님이 우리에게 주신 그 사랑의 목적을 완성하게 되는 것이며, 하나님의 구원 계획의 뜻이 성취되는 것이다. 곧 이것이 하나님이 성령으로 우리 안에 내재하신다는 증거가 된다. 왜냐하면 사랑이 성령의 결과이기 때문이다.

그러므로 먼저 사랑을 받고, 형제애 실천의 명령을 받은 우리들의 사명이 매우 큰 것이다. 그 사랑의 실천 여부에 따라 우리 안에 하나님의 영이 내재하시는지, 아닌지, 혹은 그 사랑의 분량이 어떠함이 드러나게 되는 것이다. 그 사랑의 최고봉이 바로 예수님을 본받아서 이웃을 위해 자기 목숨을 버리기까지 할 수 있는 사랑이며(요 15:12, 13), 원수까지도 사랑할 수 있는 사랑이다(마 5:44).

그러므로 사도 바울도 "믿음, 소망, 사랑, 이 세 가지는 항상 있을 것인데 그 중의 제일은 사랑이라"(고전 13:13)라고 사랑의 중대성을 말했다. 이러한 사랑의 실천이 하나님의 존재를 증거하는 위대한 일이다.

한국의 손양원 목사님의 원수 사랑은 온 민족에게 커다란 감동을 주고 있지 않는가!

형제 사랑이 없는 자는 자기 안에 하나님이 계시지 않음을 스스로 자증하는 것이며, 하나님과 분리되어 있음을 말하는 것이다. 왜냐하면 형제 사랑의 원동력을 발휘시키는 것은 성령이기 때문이다. 하나님의 성령이 계시지 않기 때문에 그 마음에는 하나님이 요구하시는 믿음도 사랑도 없는 것이다. 거기에는 하나님의 사랑이 완성될 수 없는 것이다.

4:13 "그의 성령을 우리에게 주시므로 우리가 그 안에 거하고 그가 우리 안에 거하시는 줄을 아느니라"(Ἐν τούτῳ γινώσκομεν ὅτι ἐν αὐτῷ μένομεν καὶ αὐτὸς ἐν ἡμῖν, ὅτι ἐκ τοῦ πνεύματος αὐτοῦ δέδωκεν ἡμῖν).

사도 요한은 복음서에서 "내 안에 거하라 나도 너희 안에 거하리라"(요 15:4)라는 예수님의 말씀을 전하고, 이어서 우리가 예수 안에 거하는 방법으로 "내가 아버지의 계명을 지켜 그의 사랑 안에 거하는 것 같이 너희도 내 계명을 지키면 내 사랑 안에 거하리라"(요 15:10)라는 예수님의 말씀을 가르쳐 주었다.

그리스도의 계명을 지킨다는 것은 "믿음"을 전제로 하는 것이다. 즉 믿음으로 그리스도의 사랑의 계명을 지킬 때 우리가 하나님인 그리스도와 하나가 될 수 있는 것이다. 이 하나 됨은 합리적 방법으로

도저히 설명이 가능하지 않다. 그러므로 "신비적 연합"이라고 말할 수밖에 없다.

이 신비적 연합이 이루어졌음을 알 수 있는 것은 하나님께서 우리에게 주신 성령에 의해서 알 수 있는 것이다. 다시 말하자면 우리 안에 내재하신 성령에 의해서 하나님과 나, 그리스도와 나와의 관계성이 어떠함을 깨닫게 되는 것이다.

> 4:14 "아버지가 아들을 세상의 구주로 보내신 것을 우리가 보았고 또 증언하노니"(καὶ ἡμεῖς τεθεάμεθα καὶ μαρτυροῦμεν ὅτι ὁ πατὴρ ἀπέσταλκε τὸν υἱὸν σωτῆρα τοῦ κόσμου).

- '테데아메다'(τεθεάμεθα, 원형: 데아오마이, θεάομαι, 주시하다, 보다): 완료 능동태 1인칭 단수.
- '말투루멘'(μαρτυροῦμεν, 원형: 말투레오, μαρτυρέω, 증명하다, 증언하다, 증거하다): 현재 능동태 1인칭 복수.
- '소-테-라'(σωτῆρα): 구세주, 구원자.

"우리가 보았고 또 증거하노니"의 "우리"는 사도 요한을 비롯한 예수의 직제자들을 가리키는 것이다. "보았다"는 완료형을 사용하였고, "증거한다"는 현재형을 사용하고 있다. 이미 제자들은 예수가 세상을 구원할 구세주로서 하나님에게서 보내심을 받은 바 그 하나님의 독생자의 영광을 보았던 것이다(요 1:14, 33-34; 마 3:16, 17; 마 17:1-5). 그뿐만 아니라 예수 그리스도의 부활의 영광과 승천의 영광을 보았던 것이다.

그들이 주시했던 예수를 하나님의 아들로 믿었고, 그리스도 안에 있는 하나님의 영광을 인식했으며, 예수가 하나님 아버지에게서 보내심을 받은 구세주이심을 인식했던 것이다. 이러한 인식에 의한 지식은 성령의 조명에 의해서만 가능한 것이다.

그리고 제자들이 현재 그 예수 그리스도를 세상을 향해 증거하고 있음을 말하고 있다. 그 증거는 과거에도 현재에도 그리고 미래에도 계속 될 것이다. "내가 증거한다"(말투레오, μαρτυρέω)의 명사형인 '말투로스'(μάρτυρος, 증인)라는 말에서 유래한 영어가 'martyr'(순교자)이다.

왜 증인이 순교자로 번역이 되었는가?

그 이유는 복음의 증인들은 피 흘리는 순교의 길을 갔기 때문이다. 어느 시대에나 그리스도의 증인들은 순교를 각오하고 이 길을 걸어가야 할 것이다.

4:15 "누구든지 예수를 하나님의 아들이라 시인하면 하나님이 그의 안에 거하시고 그도 하나님 안에 거하느니라"(ὃς ἐὰν ὁμολογήσῃ ὅτι Ἰησοῦς ἐστιν ὁ υἱὸς τοῦ θεοῦ, ὁ θεὸς ἐν αὐτῷ μένει καὶ αὐτὸς ἐν τῷ θεῷ).

· '호모로게-세-'(ὁμολογήσῃ, 원형: 호모로게오, ὁμολογέω, 일치하게 말하다, 동의하다, 고백하다, 시인하다): 제1부정과거 가정법 능동태 3인칭 단수.

사도들이 직접 체험한 예수를 하나님의 아들, 그리스도이라고 증거하는 것에 동의하고, 시인하는 사람은 누구든지 하나님의 내주(內住)하심을 체험하게 되고, 하나님과의 영적 교제를 갖게 되는 것이다.

'호모로게오'(ὁμολογέω, 동의하다, 고백하다, 시인하다)는 무분별하게 다루어지는 것이 아니라, 하나님 앞에 진실한 것이어야 함을 전제로 한다. 이것이 바로 신앙고백이 되는 것이다.

"예수가 하나님의 아들이시다"라는 단순하고 짧은 말이지만, 이 고백 속에는 신앙의 총체가 포함되어 있다. 이것이 성경의 중심이요, 사도들의 증거의 중심이다. 그리고 한편 기독교 사상사 중에서 가장 많이 논란의 대상이 되었던 문제이기도 하다.

특별히, 18세기 말 헤겔(Hegel)을 비롯하여 프리드리히 슐라이어마허(Friedrich Schleiermacher)와 알브레히트 리츨(Albrecht Ritschl)을 이어 오늘의 세속화 신학에 이르기까지 합리주의 사상이 다양한 모습으로 "예수가 하나님의 아들이시다"라는 기독교의 진리에 맹공격을 가하고 있다.

더 거슬러 올라가보면, 영지주의의 가현설, 아리우스(Arius)의 종속론, 그리고 펠라기아누스(Pelagianus)의 인간 자유의지론 등이 예수의 하나님 아들 되심을 부정하거나, 그 필요성 자체부터 근본적으로 부정하였다.

예수가 하나님의 아들이심을 근본적으로 부정하려는 사탄의 역사는 예수가 탄생하셨을 때 헤롯 대왕을 통해 나타났고, 유다의 종교 지도자들, 정치 지도자들, 성경 학자들이 적의에 차서 의도적으로 자행하였다.

그러나 "예수가 하나님의 아들이다"(예수스 에스틴 호 휘오스 투 데우, Ἰησοῦς ἐστιν ὁ υἱὸς τοῦ θεοῦ)라는 진리의 강물은 전 세계, 전 인류 위에 도도히 계속 흐르고 있다. 모든 회의(懷疑)와 부정(否定)과 반대 위에 진리의 파도가 엄몰(淹沒)하고 있다. 진리는 항상 진리로 살아있다.

4:16 "하나님이 우리를 사랑하시는 사랑을 우리가 알고 믿었노니, 하나님은 사랑이시라, 사랑 안에 거하는 자는 하나님 안에 거하고 하나님도 그 안에 거하시느니라"(καὶ ἡμεῖς ἐγνώκαμεν καὶ πεπιστεύκαμεν τὴν ἀγάπην ἣν ἔχει ὁ θεὸς ἐν ἡμῖν. Ὁ θεὸς ἀγάπη ἐστίν, καὶ ὁ μένων ἐν τῇ ἀγάπῃ ἐν τῷ θεῷ μένει καὶ ὁ θεὸς ἐν αὐτῷ μένει).

사도 요한은 우리가 하나님 안에 거하고, 하나님과 영적 교제를 가질 수 있는 것은 "서로 사랑하는 경우"(4:12), "성령이 주어진 경우"(4:13), 그리고 "하나님이 보내신 독생자 예수를 구세주로 믿는 경우"(4:14, 15)라고 말한 다음에 "하나님의 사랑 안에 거하는 자"(4:16), 즉 하나님의 위대한 사랑 속에 자신의 온 몸을 내던지는 자도 역시 하나님과 영적 교제를 가지고 있는 자임을 말하고 있다.

"하나님이 우리를 사랑하시는 사랑을 우리가 알고 믿었노니"(ἡμεῖς ἐγνώκαμεν καὶ πεπιστεύκαμεν τὴν ἀγάπην, 요일 4:16)와 "우리가 주는 하나님의 거룩하신 자이신 줄 믿고 알았사옵나이다"(καὶ ἡμεῖς πεπιστεύκαμεν καὶ ἐγνώκαμεν ὅτι σὺ εἶ ὁ ἅγιος τοῦ θεοῦ, 요 6:69)를 비교해 볼 때, "알고 믿음"이 먼저인가, 아니면 "믿고 아는 것"이 먼저 인가를 생각하게 된다. 우리는 이 두 가지를 혼돈해서는 안 될 것이다.

요한복음 6:69의 내용은 복음을 듣고 예수를 믿었을 때, 그 믿음을 통하여 예수가 하나님의 아들이심을 깨닫고 인식하게 됨을 의미하는 것이고, 요한일서 4:16의 경우는 예수를 하나님의 아들 구세주이심을 이미 인식하고 있는 상태에서 더 깊은 신앙의 상태에 들어가 하나님의 사랑(아가페-, ἀγάπη)을 깨닫고 믿게 됨을 뜻하는 것이다.

신앙생활을 할수록 하나님의 사랑의 깊이와 넓이와 높이와 길이가 어떠함을 조금씩 더 깨닫고, 더욱 심오하고 측량할 수 없는 사랑을 믿게 되는 것이다. 이와 같이 믿음과 사랑은 불가분리의 관계에 있으며, 필연적으로 결합되는 것이다.

그러므로 해변의 얕은 물에서 느끼는 바다와 심해(深海)에서 느끼는 바다가 다르듯이 하나님의 사랑에 대한 감정과 신앙의 도(度)가 차이가 있는 것이다. 신앙의 도가 클수록 하나님의 사랑에 대한 느낌의 도(度)도 커지는 것이다.

> **4:17** "이로써 사랑이 우리에게 온전히 이루어진 것은 우리로 심판 날에 담대함을 가지게 하려 함이니 주께서 그러하심과 같이 우리도 이 세상에서 그러하니라"(ἐν τούτῳ τετελείωται ἡ ἀγάπη μεθ' ἡμῶν, ἵνα παρρησίαν ἔχωμεν ἐν τῇ ἡμέρᾳ τῆς κρίσεως, ὅτι καθὼς ἐκεῖνός ἐστιν καὶ ἡμεῖς ἐσμεν ἐν τῷ κόσμῳ τούτῳ).

"이로써 사랑이 우리에게 온전히 이룬 것은"이라는 말씀에서 사도 요한이 나타내려는 뜻은 지금까지 언급한 하나님의 사랑이 과거에 죄인이었던 우리에게 완전히 이루어졌음(테텔레이오-타이, τετελείωται)을 말하는 것이다.

그 하나님의 사랑에 의해 우리의 구원이 완성되었고, 하나님의 자녀로의 신분 전환이 완성되었고, 하나님의 후사, 곧 그리스도와 함께한 후사, 공동 후사(순클레로노모이 크리스투, συνκληρονόμοι Χριστοῦ, 롬 8:17)가 됨이 완성되었고, 하나님의 측량할 수 없는 축복을 받게 되었다. 이렇게 하나님의 사랑이 우리에게서 완성되었다.

"우리로 심판 날에 담대함을 가지게 하려 함이니"라는 말씀은 하나님의 사랑이 우리에게서 완성되게 하신 목적이 여기에 있음을 말하고 있다. 즉 "심판 날에"(엔 테- 헤-메라 테-스 크리세오-스, ἐν τῇ ἡμέρᾳ τῆς κρίσεως) 하나님의 심판대 앞에서 "하나님의 자녀"의 신분으로 담대하게 서서, 대답하게 하려는 것이다. 우리는 이미 예수 그리스도의 보배로운 피로 속량(贖良)받은 자들이며, 하나님의 생명책에 녹명(錄名)되어 있는 자들이기 때문이다.

그러므로 예수 그리스도께서 세상에서 승리하신 것같이 우리들도 이 세상에서 신앙적으로 승리자가 될 수 있는 것이다. 그리스도께서 사망권세를 승리하시고 부활, 승천하신 것같이 우리도 그리스도 안에서 사망을 승리하고 부활하게 될 것이다.

> **4:18** "사랑 안에 두려움이 없고 온전한 사랑이 두려움을 내쫓나니 두려움에는 형벌이 있음이라 두려워하는 자는 사랑 안에서 온전히 이루지 못하였느니라"(φόβος οὐκ ἔστιν ἐν τῇ ἀγάπῃ, ἀλλ' ἡ τελεία ἀγάπη ἔξω βάλλει τὸν φόβον, ὅτι ὁ φόβος κόλασιν ἔχει, ὁ δὲ φοβούμενος οὐ τετελείωται ἐν τῇ ἀγάπῃ).

- **'포보스'**(φόβος): 두려움.
- **'테레이아'**(τελεία, 주격 여성 단수): 온전한, 완전한, 완성에 이른, 충분히 성장한.
- **'코라신'**(κόλασιν, 목적격 여성 단수): 형벌, 고통스러운 불안.

에덴 동산에서 아담과 하나님과의 관계에 있어서 아담이 하나님을 경외하고 친밀한 사랑의 관계가 성립되었을 동안에는 아담에게는 두려움이 전혀 없었다. 그러나 아담이 범죄한 순간부터 무서우리만큼 큰 두려움이 그 마음에 엄습해 왔다. 그래서 그가 하나님을 피하여 숲속에 숨게 되었던 것이다(창 3:8-10).

이와 같이 인간이 하나님을 사랑하고, 또 하나님의 사랑을 받는 관계가 이루어져 있다면 인간에게는 두려움이 없는 것이다. 하나님에 대한 인간의 사랑이 충분히 성장하여 온전한 단계에 이르게 될수록 두려움이 사라지고 더욱 친밀한 사랑의 관계에 들어가게 되는 것이다.

누가복음 15장에는 예수께서 말씀하신 탕자의 비유가 있다.

탕자가 "내가 하늘과 아버지께 죄를 얻었사오니"하며 아버지께로 돌아가는 그 심정은 어떠했을까?

'만일 아버지가 자기를 영접해주지 않는다면, 그리고 오히려 형벌을 주신다면 어떻게 할까'라는 염려와 두려움이 있었을 것이다. 그러나 아버지의 태도는 전혀 예상 밖이었다. 아버지의 사랑을 확인하고, 또 아버지를 사랑하게 되어 상호간 사랑의 관계가 이루어 졌을 때 탕자의 마음에 있던 염려와 두려움은 사라지고 말았다. 이처럼 온전한 사랑은 두려움을 내어 쫓는다.

사도 요한이 여기에서 말하는 "사랑"은 인간이 하나님을 사랑하는 사랑과 이웃을 사랑하는 사랑을 의미한다. 이것이 예수께서 가르치신 계명이요, 사도 요한이 명하는 계명이다. 사랑의 계명이 충분히 이루어지는 마음에는 두려움이 없고, 또한 두려움을 추방하는 능력을 갖는다.

"두려움에는 형벌이 있음이라"라는 말씀이 의미하는 바는 하나님을 사랑하지 못하고, 이웃을 사랑하지 못하는 것은 하나님의 계명을 어기는 것이므로 죄에 대한 대가인 형벌이 따르게 된다는 것이다. 하나님 앞에서 고통스러운 불안을 느껴야 하고, 심판이라는 형벌을 받아야 하는 것이다.

> 지극히 작은 자 하나에게 하지 아니한 것이 곧 내게 하지 아니한 것이니라 하시리니 그들은 영벌에, 의인들은 영생에 들어가리라 하시니라(마 25:45-46).

지극히 작은 자에게 대한 사랑에는 그리스도의 사랑을 본받은 긍휼, 도움, 자기희생, 그리고 정의와 진실함이 내포되어 있어야 한다. 만일 하나님을 사랑한다고 하면서도 아직도 두려움이 있다면 그는 사랑에 있어서 미성숙 단계에 있는 것이다. 불신앙과 범죄의 결과는 형벌에 대한 공포와 고통스러운 불안이다. 이 공포와 불안을 은폐 및 해소하기 위해 더 큰 죄악을 범하게 되고, 그 다음에는 더 큰 두려움과 불안에 휩싸이게 된다.

4:19 "우리가 사랑함은 그가 먼저 우리를 사랑하셨음이라"(ἡμεῖς ἀγαπῶμεν, ὅτι αὐτὸς πρῶτος ἠγάπησεν ἡμᾶς).

- '**아가포멘**'(ἀγαπῶμεν, 원형: 아가파오-, ἀγαπάω, 내가 사랑하다): 가정법 (직설법) 1인칭 복수.
- '**에가페-센**'(ἠγάπησεν, 원형: 아가파오-, ἀγαπάω, 내가 사랑하다): 제1부정과거 3인칭 단수.

다른 사본에는 '헤-메이스 아가포-멘 톤 데온'(ἡμεῖς ἀγαπῶμεν τὸν θεόν, 우리가 하나님을 사랑함은) 혹은 '헤-메이스 아가포-멘 아우톤'(ἡμεῖς ἀγαπῶμεν αὐτόν, 우리가 그를 사랑함은)이라고 되어 있다. 그리고 '아가포멘'(ἀγαπῶμεν)을 직설법으로 번역하느냐, 아니면 가정법으로 번역하느냐에 따라 의미가 다르게 된다.

가정법으로 볼 경우에는 "우리가 하나님을 사랑하게 된 것은 하나님께서 먼저 우리를 사랑해 주셨기 때문이다"라고 할 수 있고, 직설법으로 볼 경에는 "우리는 하나님을 사랑합니다. 왜냐하면 하나님께서 먼저 우리를 사랑해 주셨기 때문입니다"라고 번역이 가능하다.

"사랑"(아가페-, ἀγάπη)은 본래 우리 인간에게서 나온 것이 아니라, 하나님의 사랑이 먼저 우리에게 주어짐으로 우리가 그 사랑을 알고, 하나님을 사랑하게 되고, 나아가 형제를 사랑하기에 이르게 되었다. 이 사랑의 실천으로 우리 자신이 그리스도와 결합한 자임을 자증(自證)하는 것이다.

4:20 "누구든지 하나님을 사랑하노라 하고 그 형제를 미워하면 이는 거짓말하는 자니 보는 바 그 형제를 사랑하지 아니하는 자는 보지 못하는 바 하나님을 사랑할 수 없느니라"(ἐάν τις εἴπῃ ὅτι Ἀγαπῶ τὸν θεόν, καὶ τὸν ἀδελφὸν αὐτοῦ μισῇ, ψεύστης ἐστίν· ὁ γὰρ μὴ ἀγαπῶν τὸν ἀδελφὸν αὐτοῦ ὃν ἑώρακεν, τὸν θεὸν ὃν οὐχ ἑώρακεν οὐ δύναται ἀγαπᾶν).

하나님을 사랑노라고 자랑하면서 형제를 미워하면 그는 거짓말을 하는 것이다. 현재 생존해 있는 형제를 사랑하지 않으면서 보이지 않는 하나님을 사랑할 수가 없는 것이다.

"나는 하나님을 사랑한다"고 말하는 사람의 그 말의 진위(眞僞)는 형제에 대한 태도에서 결정되는 것이다. 현실적으로 눈앞에 있는 형제를 사랑하지 않는 자가 하나님을 사랑하고 있다고 주장해도 그것은 허위에 불과하다. 형제를 사랑하는 행위가 하나님에 대한 사랑의 증거가 되기 때문이다.

참 사랑은 지극히 작은 자, 사회적으로 무시되는 자, 버려진 자, 가난한 자, 약한 자, 핍박당하는 자들을 돌아보고, 주님의 이름으로 사랑을 베풀어 주는 것이며(마 25:31-40), 또한 더욱 나아가 원수까지도 예수의 이름으로 용서하고 사랑하는 것이다(마 5:44).

4:21 "우리가 이 계명을 주께 받았나니 하나님을 사랑하는 자는 또한 그 형제를 사랑할지니라"(καὶ ταύτην τὴν ἐντολὴν ἔχομεν ἀπ' αὐτοῦ, ἵνα ὁ ἀγαπῶν τὸν θεὸν ἀγαπᾷ καὶ τὸν ἀδελφὸν αὐτοῦ).

하나님이 우리에게 주신 계명은 다음과 같다.

> 예수께서 이르시되 네 마음을 다하고 목숨을 다하고 뜻을 다하여 주 너의 하나님을 사랑하라 하셨으니 이것이 크고 첫째 되는 계명이요 둘째도 그와 같으니 네 이웃을 네 자신 같이 사랑하라 하셨으니 이 두 계명이 온 율법과 선지자의 강령이니라(마 22:37-40).

또한 예수께서는 다음과 같이 말씀하셨다.

> 새 계명을 너희에게 주노니 서로 사랑하라 내가 너희를 사랑한 것 같이 너희도 서로 사랑하라(요 13:34).

계명(엔톨레-, ἐντολή)은 하나님이 우리에게 주사 반드시 지킬 것을 명령하신 것이다. 그 계명은 사랑이다. 위로 하나님을 사랑하고, 아래로 이웃을 사랑하는 것이다. 그리고 그 사랑의 기준은 "내가 너희를 사랑한 것같이 너희도 서로 사랑하라"이다. 예수의 섬김과 십자가 희생이 그 모범이다.

  이 사랑의 실천이 곧 우리가 예수의 제자 됨의 증거가 된다(요 13:35). 우리가 예수의 제자라면 이 계명을 반드시 실천해야 할 것이다. 오늘날 지상 교회 안에서, 그리고 사회에서 성도들이 이 사랑의 계명을 실천한다면 교회가 예수의 진면모(眞面貌)를 찾게 될 것이며, 사회가 긍정적으로 교회를 새롭게 보게 될 것이며, 우리가 예수의 참 제자임을 확인하게 될 것이다.

14. 예수를 그리스도로 믿는 것(5:1-12)

> 5:1 "예수께서 그리스도이심을 믿는 자마다 하나님께로부터 난 자니 또한 낳으신 이를 사랑하는 자마다 그에게서 난 자를 사랑하느니라"(Πᾶς ὁ πιστεύων ὅτι Ἰησοῦς ἐστιν ὁ χριστὸς ἐκ τοῦ θεοῦ γεγέννηται, καὶ πᾶς ὁ ἀγαπῶν τὸν γεννήσαντα ἀγαπᾷ [καὶ] τὸν γεγεννημένον ἐξ αὐτοῦ).

- '게겐네-타이'(γεγέννηται, 원형: 겐나오-, γεννάω, 내가 아이를 낳다): 완료 수동태 3인칭 단수.
- '겐네-산타'(γεννήσαντα, 원형: 겐나오-, γεννάω, 내가 아이를 낳다): 제1부정과거 능동태 분사 남성 단수 여격.
- '게겐네-메논'(γεγεννημένον, 원형: 겐나오-, γεννάω, 내가 아이를 낳다): 완료수동태 분사 남성 단수 목적격.

이 말씀은 매우 제한적이라고 볼 수 있다. 왜냐하면 하나님의 구원이 보편적이 아니라 특별하기 때문에 제한적이라는 것이다. 말을 바꿔하자면 누구든지 자기가 원하면 자신의 의지에 의해 구원을 얻을 수 있는 것이 아니라, "믿음"이라는 선물을 하나님에게서 받은 자만이 믿어 구원에 이르게 된다는 것이다. 왜냐하면 믿음은 하나님의 구원의 예정 안에 들어 선택받은 자에게만 주어지는 선물이기 때문이다.

그리고 이 선택은 하나님 자신의 절대적 주권에 의한 기뻐하시는 뜻을 따라 행해지는 것이지 인간의 선택의 여지가 허용되어 있는 것이 아니다.

성경의 예를 들자면, 하나님께서는 이삭의 쌍둥이 아들, 형 에서와 아우 야곱 중에서 누구를 선택하셨던가?

인간적인 도리로 보면 부모의 모든 상속권이 큰 아들에게 주어져야 할 것이었으나, 하나님의 뜻은 인간의 뜻과는 달랐다.

큰 자가 어린 자를 섬기리라(창 25:23).

내가 야곱은 사랑하고 에서는 미워하였다(롬 9:12; 참조, 말 1:3).

이 말씀대로 하나님은 그 기뻐하시는 의지대로, 주권적으로 아우 야곱을 선택하셨다.

본문에 '게겐네-타이'(γεγέννηται, 난 자)는 하나님의 구원의 예정 가운데서 선택받아 성령의 감동으로 예수를 구세주, 그리스도로 믿고, 하나님의 자녀로 거듭난 신자를 의미하는 것이다(요 1:12, 13). 그리고 '겐네-산타'(γεννήσαντα, 낳으신 이)는 생명의 주권자이신 하나님을 의미한다. 그리고 '게겐네-메논'(γεγεννημένον, 난 자)은 성령으로 신생하는 또 다른 신자를 의미하는 것이다.

예수를 메시야, 그리스도로 믿는 것은 구원에 이르는 입문(入門)이요, 기독교에 있어서 가장 중요하고도 기본적인 요소이다. 만약에 예수가 그리스도이심이 부정된다면 성경의 진리가 근본적으로 부정되고 만다. 그러므로 초대 교회에서부터 사도들이 이 진리를 사수하기 위해 순교를 했으며, 성도들에게 이 진리를 지킬 것을 강하게 당부하고 있는 것이다.

그 신앙을 계승한 속사도들도 반기독적 세력인 세속 정부와 맞서서 변증을 계속해 왔던 것이다. 신실한 교부들과 종교개혁자들에 의해서 계속해서 올바른 기독론의 진리를 사수해 오게 된 것이다. 그리고 오늘에 있어서도 신실한 주의 종들에 의해 예수가 그리스도이심의 진리가 사수되고 계승되고 있다.

예수를 하나님의 아들 그리스도이심을 신앙고백하는 자들은 모두가 그리스도를 머리로 하여 하나의 지체를 형성하고 있으며, 하나님의 자녀로서 형제자매가 되어 있다.

그러므로 당연히 하나님을 사랑할 뿐만 아니라, 형제를 사랑하게 되는 것이다. 그래서 사도 요한은 여기에서 믿음과 형제 사랑의 합일(合一)을 강조하고 있는 것이다.

우리가 믿음으로 하나님의 자녀로 신생했으니, 우리는 하나님의 자녀로써 하나님을 아버지로 사랑해야 하고, 나아가 이 사랑으로 하나님의 자녀들을 모두 포용해야 하는 것이다. 그러므로 신앙과 사랑은 불가분리의 관계인 것이다. 그리고 예수를 그리스도로 믿는 자는 오직 그리스도만을 신앙의 대상으로 믿는다.

사도 요한이 언급하고 있는 바 진실하게 믿는 자는 모두가 하나님으로부터 태어났다고 선언하는 것은 오직 믿음으로만 이해가 가능한 것이다. 이러한 신앙은 인간의 이성(理性)의 이해를 초월하는 것이다. 독생자의 이름을 믿는 자들은 혈과 육으로 태어난 것이 아니라(요 1:13) 하나님이 보내신 성령으로 태어난 것이다(갈 4:29). 이 성령의 오심과 역사(役事)하심은 신비스러운 것이다. 그래서 그리스도께서 오신 것은 우리에게 중생의 성령을 주시기 위해서이며, 성화(聖化)를 이루게 하기 위하심이다.

요약해서 말하자면 하나님께서 그리스도를 우리에게 보내심은 우리로 하여금 그리스도의 몸과 합치하게 하려는 것이다. 그러므로 이것이 누구든지 하나님으로부터 나지 않고는 신앙을 가질 수 없는 이유가 되는 것이다.

5:2 "우리가 하나님을 사랑하고 그의 계명들을 지킬 때에 이로써 우리가 하나님의 자녀를 사랑하는 줄을 아느니라"(ἐν τούτῳ γινώσκομεν ὅτι ἀγαπῶμεν τὰ τέκνα τοῦ θεοῦ, ὅταν τὸν θεὸν ἀγαπῶμεν καὶ τὰς ἐντολὰς αὐτοῦ ποιῶμεν).

하나님께서 영적 이스라엘이 된 성도들에게 요구하시는 것은 다음과 같다.

> 이스라엘아 네 하나님 여호와께서 네게 요구하시는 것이 무엇이냐 곧 네 하나님 여호와를 경외하여 그의 모든 도를 행하고 그를 사랑하며 마음을 다하고 뜻을 다하여 네 하나님 여호와를 섬기고 내가 오늘 네 행복을 위하여 네게 명하는 여호와의 명령과 규례를 지킬 것이 아니냐(신 10:12-13).

이 말씀을 한 마디로 함축하자면 "하나님에 대한 '아가페'(사랑)와 형제에 대한 아가페이다"라고 말할 수 있다.

우리가 하나님을 경외하고 신앙한다면 마음과 성품과 힘을 다하여야 하며, 반드시 하나님의 계명을 지키게 되어 있다. 이것이 가능한 것은 우리 안에 내재하시는 성령께서 이렇게 행하도록 역사하시기 때문이다. 성령께서는 우리로 하여금 하나님에 대한 계명과 형제에 대한 계명을 지키도록 힘주시고 도와주신다.

이 계명인 "아가페"가 실천이 될 때, 우리가 하나님의 자녀들인 우리의 형제들을 사랑하고 있다는 것을 하나님이 인정해 주시고, 이웃들이 인정하고, 우리 자신도 알게 되는 것이다.

"형제에 대한 사랑" 속에는 진실과 정의와 평등과 자아 희생이 함유되어 있다. 그러므로 아가페가 실천되는 곳에서는 그 사회가 진실과 정의가 승리하게 되는 것이며, 나아가 그 사회를 변화시키게 될 것이다.

사도 요한의 의도는 바로 여기에 있는 것이 아니겠는가!

그러나 여기에서 주의할 것은 하나님 신앙을 제외하고 형제애만으로 하나님을 사랑한다고 할 수는 없는 것이다. 그것은 인본주의적 박애주의일 뿐이다.

5:3 "하나님을 사랑하는 것은 이것이니 우리가 그의 계명들을 지키는 것이라 그의 계명들은 무거운 것이 아니로다"(αὕτη γάρ ἐστιν ἡ ἀγάπη τοῦ θεοῦ ἵνα τὰς ἐντολὰς αὐτοῦ τηρῶμεν, καὶ αἱ ἐντολαὶ αὐτοῦ βαρεῖαι οὐκ εἰσίν).

하나님을 사랑하는 것은 곧 하나님의 계명을 지키는 일이다. 이 두 가지는 구별되는 것이 아니라 하나이다. 하나님의 계명을 지키는 일은 괴롭고 고통스러운 일이 아니라 가볍고 쉬운 일이다.

> 수고하고 무거운 짐 진 자들아 다 내게로 오라 내가 너희를 쉬게 하리라 나는 마음이 온유하고 겸손하니 나의 멍에를 메고 내게 배우라 그리하면 너희 마음이 쉼을 얻으리니 이는 내 멍에는 쉽고 내 짐은 가벼움이라 하시니라(마 11:28-30).

그리스도인이 지켜야할 계명은 예수 그리스도와 함께 메는 멍에이다. 그리고 성령의 전적인 도우심에 의해 수행되는 것이다. 그러므로 이 멍에는 무거운 것이 아니라 가벼워지는 것이다.

기분 좋게 열정적인 마음을 가지고 신령하고 거룩한 삶을 추구했던 사람들이 얼마 못가서 피곤해지고 힘이 쇠약해지는 것을 느끼게 된다. 그것은 스스로 무거운 멍에를 메어 자학하는 행위이다(행 15:10). 계명이라는 법에 얽매어, 성령에 의한 자유함이 없이 종교 생활하는 것은 사도들의 가르침이 아니었다. 사도들은 "우리가 저희와 동일하게 주 예수의 은혜로 구원받는 줄을 믿노라"(행 15:11)라고 가르쳤다.

예수 그리스도의 구원을 은혜로 느끼는 사람에게는 성령께서 역사하심으로 감사한 마음을 불 일듯 일으켜 자발적으로 계명을 지키도록 도와주신다. 그래서 구원받은 성도는 죄와 사망의 법에서 자유하고 생명과 성령의 새로운 질서 속에서 살아가게 되는 것이다. 왜냐하면 우리는 율법을 완성하여 하나님의 요구를 충족시켜 드릴 수 없으나 우리를 대신하여 그리스도께서 십자가에서 완성하여 하나님의 요구를 충족시켜드렸기 때문이다.

그리고 우리는 그러한 예수 그리스도를 구세주로 믿음으로 그리스도의 율법 완성이 우리에게 전가(轉嫁)되어 우리가 그리스도 안에서 율법의 완성자가 되는 것이다. 고로 우리에게 있어서 계명은 가벼운 것이 되는 것이다.

여기에서 세상과 사탄은 우리로 하여금 하나님의 계명을 지키지 못하도록 방해한다. 그러므로 계명을 지키는 자만이 용감하게 세상을 저항하며 전진할 수 있다.

5:4 "**무릇 하나님께로부터 난 자마다 세상을 이기느니라 세상을 이기는 승리는 이것이니 우리의 믿음이니라**"(ὅτι πᾶν τὸ γεγεννημένον ἐκ τοῦ θεοῦ νικᾷ τὸν κόσμον. καὶ αὕτη ἐστὶν ἡ νίκη ἡ νικήσασα τὸν κόσμον, ἡ πίστις ἡμῶν).

- '**니카**'(νικᾷ, 원형: 니카오-, νικάω, 내가 승리하다): 현재 직설법 3인칭 단수.
- '**니케-사사**'(νικήσασα, 원형: 니카오, νικάω-, 내가 승리하다): 제1부정과거 분사 여성 단수 주격.
- '**니케-**'(νίκη): 승리, 이김.

사도 요한이 말하는 "세상"(코스모스, κόσμος)은 세상을 지배하는 사탄의 전 정신(全精神)과 전 존재(全存在)를 의미한다. 사탄은 인간이 지구상에 존재하기 시작하면서부터 세상과 인간을 자기 손 안에 넣었다. 그는 인간을 훨씬 초월한 능력과 권세로써 속이고 유혹하고 악하게 지배한다. 인간은 아무도 사탄을 이기지 못한다. 사탄은 영계에서나, 육적 생활에 있어서도 세상을 지배한다.

이러한 능력을 가진 사탄은, 지금까지 자기 수하에서 복종만 하던 인간이 예수를 믿어 사탄의 권한에서 벗어나 하나님의 수하에 들어가 하나님의 보호를 받게 된 것을 보고 분노를 금할 수 없어 그리스도인을 향해 맹공격을 가하게 되는 것이다. 그러므로 이 세상에 존재하는 그리스도인에게는 이 세상이 전쟁터인 것이다.

예수님은 자신이 이 세상에 오신 목적을 "내가 세상에 화평을 주려고 온 줄로 아느냐 내가 너희에게 이르노니 아니라 도리어 분쟁하게 하려 함이로라"(눅 12:51)라고 말씀하셨다. "분쟁"(디아메리스모스, διαμερισμός)이란 말은 분리, 충돌, 불화라는 뜻도 있는 말이다. 하나님의 생명 및 진리의 영역과 사탄의 사망 및 죄악의 영역 간의 분쟁이요, 충돌이다. 지상 교회와 성도들은 이 싸움의 최전선에서 싸우는 그리스도의 군사들이다. 이 싸움은 혈과 육에 대한 싸움이 아니라, "믿음의 선한 싸움"(딤전 6:12)이요, "죄와의 싸움"(히 12:4)이다.

이 싸움은 이미 예수 그리스도께서 승리해놓으신 싸움이다. 예수님이 "내가 세상을 이기었노라"(요 16:33)라고 말씀하셨다. 그리고 본문에 있어서도 "세상을 이겼다"(니케-사사, νικήσασα)라고 과거형을 사용하고 있다. 고로 우리는 그리스도 안에서 넉넉히 이길 수 있다(롬 8:37). 우리가 믿음으로 그리스도 안에 있을 때에 승리가 보장되는 것이다.

그러므로 예수를 그리스도로 믿고 그의 계명을 지키는 자들은 항상 그리스도 안에 있는 것이므로 승리는 확정된 것이다. 우리를 그리스도와 합일되게 한 그 믿음이 승리의 비결인 것이다. 믿음은 영적 전쟁을 위한 승리의 원인이요, 방편이요, 무기이다.

그러므로 우리에게 믿음을 주신 하나님께 감사하리로다.

5:5 "예수께서 하나님의 아들이심을 믿는 자가 아니면 세상을 이기는 자가 누구냐"(τίς δὲ ἐστιν ὁ νικῶν τὸν κόσμον εἰ μὴ ὁ πιστεύων ὅτι Ἰησοῦς ἐστιν ὁ υἱὸς τοῦ θεοῦ).

사도 요한이 "믿음"을 거듭 강조하는 이유가 무엇일까?

즉 당시에 벌써 예수가 하나님의 아들이심을 부정하는 적그리스도적 사상이 강하게 도전해왔었기 때문이다. 온 세상이 사탄의 전위대인 적그리스도에게 복종하고 예속되어 있으나 그리스도의 교회만은 난공불락의 요새로 굳게 서 있기 때문에 사탄이 모든 전략과 전술을 동원하여 맹공격을 감행하고 있기 때문이다.

사도 요한이 이 전쟁에서 승리할 수 있는 비결은 오직 "믿음"뿐임을 잘 알고 믿기에, 주님의 온 교회로 하여금 믿음에 굳게 설 것을 강조하고 있는 것이다. 그 믿음이란 "예수가 하나님의 아들, 메시야, 그리스도"이심을 믿고, 그를 영접하고, 그의 계명을 지키는 것이다. 즉 신앙과 행위가 일치하는 "믿음"을 말하는 것이다. 왜냐하면 이 믿음이 있는 자만이 하나님의 성령의 능력을 힘입어 사탄의 세력을 이길 수 있기 때문이다.

사도 바울도 "내게 능력 주시는 자 안에서 내가 모든 것을 할 수 있느니라"(빌 4:13)라고 말하고 있다. 바울이 사탄과 세상을 이기고, 자신의 육체에 굴복하지 않는 것은 자신을 의뢰하지 않고, 오직 그리스도의 능력만을 의지했기 때문이다.

사도 요한 당시에 이미 예수 그리스도의 신성(神性)을 부정하거나, 인성(人性)을 부정하는 철학적 사상이 유행하고 있었다. 그리고 영지주의의 가현설(Docetism)이 예수 그리스도의 성육신(요 1:14)을 강하게 부정하고 있었다. 뿐만 아니라 기독교 진리에 대한 오해로 인하여 세속 정치 세력이 교회를 매우 심하게 박해해왔다. 약 300년 동안이나 박해를 받아 온 교회는 많은 순교자들을 낳게 되었다. 그런 중에도 교회는 "예수가 하나님의 아들 그리스도"이심을 믿는 믿음을 굳게 지켜왔다. 이 믿음이 지금껏 믿음을 사수하며, 세상을 이겨왔다.

5:6 "이는 물과 피로 임하신 이시니 곧 예수 그리스도시라 물로만 아니요 물과 피로 임하셨고 증언하는 이는 성령이시니 성령은 진리니라"(οὗτός ἐστιν ὁ ἐλθὼν δι' ὕδατος καὶ αἵματος, Ἰησοῦς Χριστός· οὐκ ἐν τῷ ὕδατι μόνον ἀλλ' ἐν τῷ ὕδατι καὶ ἐν τῷ αἵματι· καὶ τὸ πνεῦμά ἐστιν τὸ μαρτυροῦν, ὅτι τὸ πνεῦμά ἐστιν ἡ ἀλήθεια).

- '엘돈-'(ἐλθὼν, 원형: 엘코마이, ἔρχομαι, 가다, 오다, 통과하다): 제2부정 과거 분사 가정법 남성 단수 주격.
- '디아'(δια) + 소유격: ~을 통하여(through), ~로 말미암아(by), ~와 함께(with).

본문은 난해의 구절로 여겨지고 있으나, 분명한 것은 사도 요한이 예수가 하나님의 아들이요, 구세주로 오신 분이심을 증거하고 있다는 사실이다. 사도는 율법의 그림자들에 관한 확실한 실체가 예수 그리스도에게서 나타나 있다고 말하고 있다. 사도는 "물과 피"라는 말로 율법의 의식(儀式)에 관해 언급하고 있다. 우리는 모세의 율법이 그리스도의 오심으로 말미암아 폐기되었다는 것을 알아야 할 뿐만 아니라, 그리스도 안에서 완성되었다는 사실도 알아야 할 것이다.

율법에는 많은 조항들이 있으나 사도 요한은 이 2가지(물과 피)로 거룩함과 의로움의 온전한 완성을 이해하고 있다. "물"(휴돌, ὕδωρ)로 모든 부정(不淨)이 씻어 없어지고, 인간은 순결함으로 하나님께 가까이 올 수 있게 되는 것이다. 그리고 "피"(하이마, αἷμα)로는 하나님과의 충분한 화목을 이루기 위한 속죄와 보증이 이루어지는 것이다. 그래서 그리스도께서는 우리를 완전히 성화(聖化)시켜 가시는 것이다. 어떤 성경학자는 "물"을 "세례"라고 해석하는데, 그것은 모호하고 적합하지 않다.

사도 요한이 복음 역사(歷史)에 있어서 말하는 것은 복음의 결과와 그 효력에 대한 설명이다. 사도가 이 말을 하고 있을 때, 자기 자신이 목격한 바 십자가 상에서 그리스도의 옆구리에서 "물과 피"(요 19:34)가 쏟아져 나온 것을 연상했을 것이다. 히브리서 저자는 다음과 같이 말했다.

> … 오직 자기의 "피"로 영원한 속죄를 이루사 단번에 성소에 들어가셨느니라(히 9:12).

> 우리가 마음에 뿌림을 받아 악한 양심으로부터 벗어나고 몸은 맑은 "물"로 씻음을 받았으니 참 마음과 온전한 믿음으로 하나님께 나아가자(히 10:22).

그러므로 "물과 피로 임하셨다"는 말은 바로 속죄를 위한 예수 그리스도 자신의 고난의 모습을 의미하고 있음을 알 수 있다.

예수가 물과 피로 임하사 인류를 위한 대속(代贖)의 성업(聖業)을 완성하신 하나님의 아들, 그리스도이심을 하나님의 성령께서 친히 증거해 주고 계신다. 예수님 자신도 다음과 같이 말씀하셨다.

> 내가 아버지께로부터 너희에게 보낼 보혜사 곧 아버지께로부터
> 나오시는 진리의 성령이 오실 때에 그가 나를 증언하실 것이요
> (요 15:26).

또한 성령은 예수 그리스도를 믿는 자들에게 확신을 갖게 하며, 그들의 믿음이 동요치 않도록 도와주시고, 믿음에 굳게 서도록 계속적으로 도우시고, 충분한 증거들을 주신다. 그리고 성령께서는 그리스도인들을 통하여 예수 그리스도를 증거하게 하신다(요 15:27). 이 성령이 "진리의 성령"(요 15:26; 요일 5:7)이시다. 곧 성령은 진리이시다. 왜냐하면 하나님의 속성이 진리이기 때문에 삼위일체 하나님의 제3위 하나님이신 성령도 진리이시다.

5:7-8 "증언하는 이가 셋이니 성령과 물과 피라 또한 이 셋은 합하여 하나이니라"(ὅτι τρεῖς εἰσιν οἱ μαρτυροῦντες, τὸ πνεῦμα καὶ τὸ ὕδωρ καὶ τὸ αἷμα, καὶ οἱ τρεῖς εἰς τὸ ἕν εἰσιν).

· '에이스'(εἰς): 합하다, 일치하다.

원어 성경에는 "증거하는 이가 셋이니"라는 부분이 7절에 속해 있으나, 한글 개역성경에는 8절에 속해 있다.
예수가 하나님의 아들, 구세주, 그리스도이심을 증거하는 이는,
첫째는 성령이다. 성령은 하나님으로부터 직접적으로 우리 안에 역사하사 증거하시고 우리에게 확신을 주신다. 성령은 우리 마음속에 물과 피의 증거를 인(印)쳐 주시는 분이시다.
둘째와 셋째는 물과 피이다. 이것은 예수 그리스도 자신의 몸에서 쏟

으신 외부적 확실한 증거이다. 즉 물로 속죄하고 피로 속량하여 하나님
께서 인간에게 요구하시는 율법의 요구를 완전히 충족시켜 드려 인간
을 대신하여 율법을 완성해 주신 그리스도이심을 증거하는 것이다.

성령과 물과 피는 구별하면 셋이지만 이 셋이 증거하는 것은 한 가
지 곧 예수 그리스도 하나님의 아들이시다. 이 한 가지 진리를 증거
하기 위해 셋이 하나로 일치하는 것이다.

> **5:9** "만일 우리가 사람들의 증언을 받을진대 하나님의 증거는 더
> 욱 크도다 하나님의 증거는 이것이니 그의 아들에 대하여 증
> 언하신 것이니라"(εἰ τὴν μαρτυρίαν τῶν ἀνθρώπων λαμβάνομεν, ἡ
> μαρτυρία τοῦ θεοῦ μείζων ἐστίν, ὅτι αὕτη ἐστὶν ἡ μαρτυρία τοῦ θεοῦ ὅτι
> μεμαρτύρηκεν περὶ τοῦ υἱοῦ αὐτοῦ).

- **'말투리아'**(μαρτυρία): 사법상 증거, 증거.
- **'메말투레켄'**(μεμαρτύρηκεν, 원형: 말투레오, μαρτυρέω, 내가 증거하다):
  완료 능동태 3인칭 단수.
- **'메이존-'**(μείζων, 원형: 메가스, μέγας, 큰[great]): 비교급, 더 큰(greater).

세상에서 우리는 일반적인 경우 사람의 증거를 믿는다. 하물며 인
간을 창조하신 창조주 하나님의 증거를 우리가 받아들이지 못할 이
유가 없다. 하나님은 인간과 비교도 할 수 없을 만큼 위대하신 분이
시다. 하나님과 인간의 관계는 창조주와 피조물의 관계이다.

그 하나님의 증거는 다름이 아니라 바로 하나님의 아들에 관한 증
거이다. 즉 예수가 하나님의 아들이시요, 구세주 그리스도이시라고
벌써 증거하셨던 것이다.

하나님의 아들에 관한 하나님 자신의 증거는 구약성경에 300회 이상이나 있고, 신약성경에는 구구절절이 있다. 그리고 기독교 2,000년의 역사에서 예수가 하나님의 아들이라고 증거해 왔다.

사도 바울은 로마서 1:3-4에서 온 우주를 향해 다음과 같이 외치며 증거하고 있다.

> 그의 아들에 관하여 말하면 육신으로는 다윗의 혈통에서 나셨고 성결의 영으로는 죽은 자들 가운데서 부활하사 능력으로 하나님의 아들로 선포되셨으니 곧 우리 주 예수 그리스도시니라(롬 1:3-4).

이 증거는 인간 바울을 통한 하나님 자신의 증거이다.

하나님께서 예수의 빈 무덤을 보고 돌아온 제자들과 다른 모든 제자들에게 그리고 500명이 넘는 성도들에게 육체로 부활하신 예수의 참 모습을 체험케 하신 것은 직접적으로 그들에게 예수가 하나님의 아들 그리스도이심을 증거해 주신 사건들이다.

하나님의 증거보다 더 큰 증거가 어디 있겠는가!

사도 요한이 지금까지 예수가 하나님의 아들이라고 증거해 오다가, 하나님 자신의 증거까지 말하는 이유가 무엇인가?

그것은 그 당시 이미 예수의 성육신을 부정하는 적그리스도적 사상이 기독교를 향해 공격을 시작해 왔었기 때문이다. 한 가지 예를 들면, 영지주의의 가현설과 같이 예수가 세례를 받을 때 일시적으로 그리스도가 머물러 있다가 십자가에서 죽기 전에 그리스도가 그에게서 떠나셨다라고 주장하는 사상이다. 사도 요한은 이런 사상 등에 대항하고 진리를 지키고자 한다.

5:10 "하나님의 아들을 믿는 자는 자기 안에 증거가 있고 하나님을 믿지 아니하는 자는 하나님을 거짓말하는 자로 만드나니 이는 하나님께서 그 아들에 대하여 증언하신 증거를 믿지 아니하였음이라"(ὁ πιστεύων εἰς τὸν υἱὸν τοῦ θεοῦ ἔχει τὴν μαρτυρίαν ἐν ἑαυτῷ· ὁ μὴ πιστεύων τῷ θεῷ ψεύστην πεποίηκεν αὐτόν, ὅτι οὐ πεπίστευκεν εἰς τὴν μαρτυρίαν ἣν μεμαρτύρηκεν ὁ θεὸς περὶ τοῦ υἱοῦ αὐτοῦ).

하나님께서는 선지자들을 통해 예언하셨던 대로 예수의 수태 시부터 "나실 바 거룩한 이는 하나님의 아들이라 일컬어지리라"(눅 1:35)라고 직접 증거하셨고, 예수께서 수세하실 때에도 "이는 내 사랑하는 아들이요 내 기뻐하는 자라"(마 3:17), 또한 산 위에서 변형되셨을 때에도 "이는 내 사랑하는 아들이요 내 기뻐하는 자니 너희는 저의 말을 들으라"(마 17:5)라고 증거하셨다. 그 이외에도 여러 형태로 예수가 하나님의 아들이심을 증거 하셨다.

하나님의 아들이신 예수가 이 세상에 오신 것은 인류를 구원할 그리스도로 오신 것이다. 그리고 예수가 그리스도라는 사실은 하나님의 성령의 증거에 의해 보증된 사실이며, 그의 부활 사건은 그가 하나님의 아들이심을 확증해주는 증거가 된다. 그러므로 예수를 하나님의 아들로 믿는 자는 자신의 마음 중심에 하나님의 증거를 갖는다.

그러나 그와 반대로 예수를 그리스도로 믿지 않는 자는 예수가 하나님의 아들이라고 말씀하신 그 말씀을 믿지 않는 것이며, 그 말씀을 하신 하나님을 믿지 않는 것이다. 이것은 더욱 나아가 하나님을 거짓말하는 자(퓨스스텐, ψεύστην)로 만드는 것이다. 이처럼 예수를 하나님의 아들, 그리스도로 믿지 않는 것은 하나님께 대한 도전이요, 하나님에게 가장 큰 죄를 범하게 되는 것이다.

5:11 "또 증거는 이것이니 하나님이 우리에게 영생을 주신 것과 이 생명이 그의 아들 안에 있는 그것이니라"(καὶ αὕτη ἐστὶν ἡ μαρτυρία, ὅτι ζωὴν αἰώνιον ἔδωκεν ἡμῖν ὁ θεός, καὶ αὕτη ἡ ζωὴ ἐν τῷ υἱῷ αὐτοῦ ἐστίν).

사도 요한은 지금까지 여러 가지로 예수가 하나님의 아들 그리스도이심을 증거해 왔다. 본 절에서도 하나님께서 예수 그리스도 안에 있는 영생이라는 생명을 예수를 믿는 우리에게도 주셨다고 증거하고 있다. 우리가 오직 믿음으로 말미암아 예수 그리스도의 영생을 얻은 것이다. 본질이 영생이신 그리스도를 영접하는 것이 바로 영생을 영접하는 것이다.

'주셨다'(에도켄, ἔδωκεν, 원형: 디도미, δίδωμι, 내가 주다)는 미래형도, 현재형도 아니라, 제1부정과거형, 즉 과거형이다. 믿는 자에게는 이미 영생이 주어져 있는 것이다. 영생이 주어졌다는 말은 믿는 자에게 주어진 구원의 확실성과 완전성과 영원성을 입증해 주고 있는 것이다. 사도 바울도 다음과 같이 증거하고 있다.

> 우리 생명이신 그리스도께서 나타나실 그 때에 너희도 그와 함께 영광 중에 나타나리라(골 3:4).

5:12 "아들이 있는 자에게는 생명이 있고 하나님의 아들이 없는 자에게는 생명이 없느니라"(ὁ ἔχων τὸν υἱὸν ἔχει τὴν ζωήν· ὁ μὴ ἔχων τὸν υἱὸν τοῦ θεοῦ τὴν ζωὴν οὐκ ἔχει).

여기에 '있다'를 나타내는 말이 '에콘'(ἔχων)인데, '에코'(ἔχω, 내가 소유하다)의 현재 분사이다. 그리스도를 소유하는 것은 그리스도와 결합하다, 연합하다, 일치하다는 뜻이다. 사도 바울은 다음과 같이 말했다.

> 만일 우리가 그의 죽으심과 같은 모양으로 연합한 자가 되었으면 또한 그의 부활과 같은 모양으로 연합한 자도 되리라(롬 6:5).

그러므로 그리스도와 연합한 자는 그리스도의 생명과 연합한 자가 되는 것이다. 즉 믿음으로 그리스도와 연합한 자는 자신의 죄와 그 죄의 대가인 정죄, 사망, 저주, 심판, 그리고 멸망, 이 모든 것이 그리스도에게로 전가(轉嫁)되고, 그 대신에 그리스도의 의로우심(義)과 영생(永生)을 전가받게 되는 것이다.

그래서 하나님께서는 믿음으로 그리스도와 연합한 자를 "너는 의롭다"고 여겨주시고, 하나님과의 관계를 회복시켜 주시고, 영생이라는 엄청난 선물을 주신다. 그래서 그는 영생을 소유한 자가 된다.

이것을 가능케 한 원인은 바로 "믿음"이다. 믿음이 나와 그리스도와의 사이에 전가를 가능케 한 것이다. 그리고 이 믿음은 하나님께서 택한 자들에게만 주시는 특별한 은총이다.

그러나 그와 반대로 예수를 하나님의 아들로 믿지 아니하고, 영접치 아니한 자는 자신의 불신앙 때문에 자신 안에 영생이신 그리스도가 없으므로 여전히 "정죄"(카타크리마, κατάκριμα) 아래 있는 것이다. 이것은 자신의 불신앙이 생명의 소유자시요, 생명 그 자체이신 하나님의 아들을 거부했기 때문이다.

그러므로 우리는 불신앙이 얼마나 무서운 죄악이며, 비참한 결과를 가져 온다는 것을 깨달아야 할 것이며, 하나님의 아들을 믿고 영접했다는 사실이 얼마나 행복이며 감사할 일인지를 알아야 할 것이다.

15. 타인을 위해 기도하라(5:13-17)

5:13 "내가 하나님의 아들의 이름을 믿는 너희에게 이것을 쓰는 것은 너희로 하여금 너희에게 영생이 있음을 알게 하려 함이라"(Ταῦτα ἔγραψα ὑμῖν ἵνα εἰδῆτε ὅτι ζωὴν ἔχετε αἰώνιον, τοῖς πιστεύουσιν εἰς τὸ ὄνομα τοῦ υἱοῦ τοῦ θεοῦ).

- **'에이데-테'**(εἰδῆτε, 원형: 오이다, οἶδα, 알다): 가정법 2인칭 복수.

사도 요한이 독자들에게 이 글을 쓰는 목적과 이유를 말하고 있다.

첫째, 속죄와 평안을 확인시켜 주려는 것이다. 다시 말하면, 예수를 하나님의 아들로 믿는 자들에게는 영생이 있음을 알게 됨으로 영성이 소생되고, 믿음이 더욱 견고해지고, 용기를 얻으며, 평안을 얻게 되기를 위해서이다.

둘째, 모든 시험과 박해 중에서도 끝까지 믿음을 지키고 인내하기를 원해서이다.

그리스도인들은 종종 자신 안에 영생이라는 하나님의 선물이 주어져 있다는 사실을 잊어버리므로 믿음이 약해지고, 시험에 들게 되고, 적그리스도적 사상에 유혹되는 경우가 있기 쉽다. 이것을 이기는 방법은 자신 안에 그리스도의 생명, 곧 영생이 있다는 사실을 확신하는 데 있다.

영생을 소유한 자는 하나님으로부터 그 무엇과도 비교할 수 없을 만큼 위대한 축복을 받은 자들이다. 이 축복은 우주적 축복이라고 표현해도 무방할 것이다. 우리 가운데는 아직도 영생이라는 하나님의 언약과 축복을 알지 못하므로 믿음이 약한 상태에 있는 사람들이 있다. 그 이유는 성경의 진리를 바르게 배우지 못했기 때문이기도 하다. 우리는 구원과 영생이 오직 예수 그리스도 안에만 있다는 성경의 진리를 전하고 가르치고 지켜야 할 것이다.

5:14 "그를 향하여 우리가 가진 바 담대함이 이것이니 그의 뜻대로 무엇을 구하면 들으심이라"(καὶ αὕτη ἐστὶν ἡ παρρησία ἣν ἔχομεν πρὸς αὐτόν, ὅτι ἐάν τι αἰτώμεθα κατὰ τὸ θέλημα αὐτοῦ ἀκούει ἡμῶν).

- '**팔레-시아**'(παρρησία): 자유스럽게 말하기, 담대함, 보증, 확신.
- '**아이토-메다**'(αἰτώμεθα, 원형: 아이테오-, αἰτέω, 요구하다): 현재 가정법중간태 1인칭 복수.
- '**데레-마**'(θέλημα): 뜻, 의지, 성향.

사도 요한이 14절과 15절에서 이렇게 말하는 것은 16-17절의 내용을 구하게 하기 위한 전제이다. 예수 그리스도를 믿어 하나님의 자녀가 된 사람은 가장 거룩하시고 위대하신 하나님을 향하여 "아바, 아버지"라고 부를 수 있는 자격과 신분을 갖춘 상태이다(롬 8:15). 하나님의 자녀된 자는 아버지이신 하나님 앞으로 아무런 두려움이 없이 나아가서(엡 3:12), 담대하게, 확신을 가지고, 그리고 아무런 거리낌이 없이 자유스럽게 말할 수 있다. 이것은 우리에게 주어진 은혜이며, 특권이다.

우리는 하나님께 요구하되, 반드시 그 요구의 내용이 하나님의 뜻과 성향에 부합한지를 미리 확인하고 구해야 한다는 것이다. 그러나 현실적으로는 많은 경우 사람들이 하나님의 뜻을 확인하는 일이 없이, 자신의 뜻대로, 자신의 기분대로 부르짖는 일들이 많다. 그리고 자기의 뜻이 이루어지지 않으면 하나님을 등지거나, 실망해 버리기도 한다. 이러한 태도는 하나님을 슬프게 해드리는 일이다.

그러므로 사도 바울도 다음과 같이 말했다.

> 이와 같이 성령도 우리의 연약함을 도우시나니 우리는 마땅히 기도할 바를 알지 못하나 오직 성령이 말할 수 없는 탄식으로 우리를 위하여 친히 간구하시느니라(롬 8:26).

우리는 기도의 내용까지도 성령의 인도를 받아야 할 것이다. 성령께서는 하나님의 뜻에 합당한 기도를 가르쳐 주실 것이다. 그리고 그 뜻대로 하나님께 구하게 되면 하나님은 반드시 응답해 주실 것이다.

우리는 십자가의 죽음을 앞에 두고 겟세마네 동산에서 땀을 피 흘리듯이 쏟으시며 기도하시던 예수님의 기도를 연상해 보자.

> 내 아버지여 만일 할 만하시거든 이 잔을 내게서 지나가게 하옵소서 그러나 나의 원대로 마시옵고 아버지의 원대로 하옵소서 (마 26:39).

성자 하나님이 성부 하나님의 뜻에 순종하시는 기도이다. 이 기도야말로 가장 거룩하고, 가장 모범이 되는 기도이다. 이 기도를 통하여 인류구원이라는 가장 위대한 사역을 완성하신 것이다. 오늘의 지상 교회의 신자들이 예수님처럼 하나님의 뜻에 순종하는 기도를 한다면 성령께서 강하게 역사하시므로 응답받지 못할 기도가 없을 것이며, 해결되지 못할 문제가 없을 것이다.

5:15 "우리가 무엇이든지 구하는 바를 들으시는 줄을 안즉 우리가 그에게 구한 그것을 얻은 줄을 또한 아느니라"(καὶ ἐὰν οἴδαμεν ὅτι ἀκούει ἡμῶν ὃ ἐὰν αἰτώμεθα, οἴδαμεν ὅτι ἔχομεν τὰ αἰτήματα ἃ ᾐτήκαμεν ἀπ' αὐτοῦ).

본문은 하나님의 뜻에 합당하게 기도한 것은 하나님께서 들어주시고 응답해 주신다는 사실을 알았으면, 구한 그것을 이미 얻은 줄로 알아야 함을 말씀하고 있다. "얻은 줄을"이라는 말은 '에코멘'(ἔχομεν)으로서 '에코'(ἔχω, 내가 소유하다)의 현재 능동태 1인칭 복수이다. 이것은 믿음으로 기도한 바를 현재적으로 소유하고 있음을 뜻하는 말이다.

하나님과 그리스도인과의 관계가 부자지간의 아주 친밀한 관계이기 때문에, 그 사이에 아무런 의심이나 염려나 불안함이 있을 수 없는 것이다. 우리의 기도가 하나님의 뜻에 합당하냐, 합당하지 못하냐가 문제이지, 하나님은 모든 것을 하실 수 있는 전능자이시기 때문에, 우리는 하나님의 뜻에 합당하게 기도한 것을 이미 얻은 줄로 알고 있는 마음가짐을 가질 수 있는 것이다. 이것이 참된 신앙, 위대한 신앙의 자세이다.

우리의 기도가 하나님의 뜻에 합당해야 하는데, 그러면 그 하나님의 뜻이란 무엇인가?

그것은 "믿음"이다(요 6:40). 믿는다고 말을 하면서도 불안, 염려, 의심을 가진 상태에서 기도한다면 기도의 응답을 얻지 못한다. 예수께서는 "너희가 어찌 믿음이 없느냐"(막 4:40), "너희 믿음이 작은 까닭이니라"(마 17:20), 그리고 "어찌하여 마음에 의심이 일어나느냐?"(눅 24:38)라고 책망하신 바 있으시다. 의심은 신앙의 최대의 적이다(창 3:1-6).

하나님이 우리에게 요구하시는 뜻은 "온전한 믿음"이다. 어머니의 품 안에 있는 아기가 엄마를 온전히 신뢰하듯이, 우리도 하나님의 품 안에서 나의 인격 전체를 온전히 맡기며 기도할 때 그 믿음이 인정받게 되고, 들으시는 바가 되는 것이다. 그러므로 하나님을 향한 기도에 있어서 가장 중요한 것은 "믿음"이다. 우리의 믿음을 인정하실 때 응답이 이루어지는 것이다.

믿음에 있어서 유대인이거나 이방인의 차별이 있을 수 없다. 한 가나안 여인의 기도를 들으신 예수께서는 "여자여 네 믿음이 크도다 네 소원대로 되리라"(마 15:28)라고 대답하셨다. 큰 믿음을 인정받은 그 여인은 즉시로 응답을 받았다.

> **5:16-17** "누구든지 형제가 사망에 이르지 아니하는 죄 범하는 것을 보거든 구하라 그리하면 사망에 이르지 아니하는 범죄자들을 위하여 그에게 생명을 주시리라 사망에 이르는 죄가 있으니 이에 관하여 나는 구하라 하지 않노라 모든 불의가 죄로되 사망에 이르지 아니하는 죄도 있도다"(Ἐάν τις ἴδῃ τὸν ἀδελφὸν αὐτοῦ ἁμαρτάνοντα ἁμαρτίαν μὴ πρὸς θάνατον, αἰτήσει, καὶ δώσει αὐτῷ ζωήν, τοῖς ἁμαρτάνουσιν μὴ πρὸς θάνατον. ἔστιν ἁμαρτία πρὸς θάνατον· οὐ περὶ ἐκείνης λέγω ἵνα ἐρωτήσῃ. πᾶσα ἀδικία ἁμαρτία ἐστίν, καὶ ἔστιν ἁμαρτία οὐ πρὸς θάνατον).

사도 요한은 그리스도 안에 있는 신앙인들이 형제를 위해 행하는 기도가 유효함을 말하고 있다. 하나님께서 우리를 자신에게로 초청하시고, 고난 가운데 있는 우리를 즉각적으로 도와주시려고 하신다는 것은 위대한 축복이다. 이것은 우리가 다른 사람을 위해 기도하는 것이 우리의 신앙을 확증해 주시는 것이며, 이런 기도는 결코 거절되지 않는다는 증거이다. 또한 우리에게 형제를 긍휼히 여기는 마음이 있어야 기도 할 수 있음을 가르치고 있다.

사도 요한이 본문에서 사망에 이르지 않는 죄와 사망에 이르는 죄를 언급하고 있다. 본문 해석에 대해 여러 가지 견해들이 있으나, 필자는 예수님의 제자들에게서 그 해답을 찾고자 한다. 즉 베드로와 가룟 유다이다.

이 두 인물은 동일하게 예수의 부름을 받아 제자가 되어 3년간이나 교육을 받은 사람들이다. 동일한 복음을 듣고, 수많은 기적들을 동일하게 목격했었다. 아마도 민족해방과 독립국가 건설이라는 동일한 목적을 가졌다는 점에서 출발선도 동일했을 것이다.

그러나 예수께서 십자가에 달려 죽으실 것을 예언하셨을 때(마 20:16-19), 두 제자의 마음가짐은 갈라졌다. 베드로는 "내가 주와 함께 죽을지언정 주를 부인하지 않겠나이다"(마 26:35)라고 주님을 위해 일사의 각오를 고백하지만, 가룟 유다는 예수를 팔 계획을 세운다(마 26:21).

이 두 제자들은 큰 죄를 범한다. 베드로는 하루 밤 사이에 예수님을 3번씩이나 부인하는 죄를 범했다.

> 나는 네가 무슨 말을 하는지 알지 못하겠노라(마 26:70).

> 맹세하고 또 부인하여 이르되 나는 그 사람을 알지 못하노라(마 26:72).

> 저주하며 맹세하여 이르되 나는 그 사람을 알지 못하노라(마 26:74).

한편 가룟 유다는 예수를 팔아 그 몸값으로 은 30을 받는다(마 26:15), 유다의 행위는 메시야, 그리스도의 몸을 은 30에 팔아버리는 엄청난 큰 죄악을 범한 것이다.

두 제자 중에 베드로는 닭소리를 듣는 순간 예수의 말씀이 생각나서 땅을 치며, 통곡하며 참회를 했다(마 26:75). 그러나 가룟 유다는 후회하며 자결하고 만다. 그에게는 죄에 대한 회개가 없었다. 그는 예수께서 하신 말씀대로 "차라리 태어나지 아니하였더라면 제게 좋을 뻔한" 인간이었다(마 26:24). 육체로는 예수를 추종하는 제자의 무리 속에 섞여 있었으나 영적으로는 이미 사탄의 지배를 받는 사탄의 종이었다(요 13:27).

이 두 제자 중에 베드로는 예수의 마지막 고별 설교를 들었고, 제자들을 위한 기도에 참여했다. 그리고 예수를 그리스도로 믿었다. 그러나 가룟 유다는 대제사장의 하졸들과 합류하여서 이미 그 자리에는 없었다. 그는 하나님의 아들 예수 그리스도의 마지막 기도를 받지 못했다. 그리고 그는 예수를 그리스도로 믿지 아니했다.

여기에서 우리는 결정적 결론에 이르게 되어야 할 것이다. 예수께서 부활하신 후에 디베랴 바다에서 베드로에게 하신 말씀들은 베드로가 범한 죄에 대한 공식적 사죄(赦罪)의 선언이라 할 수 있다(요 21:15-19). 그러면 베드로가 범한 죄는 "사망에 이르지 아니하는 죄"라 할 수 있다.

그와 반대로 가룟 유다가 범한 죄는 하나님을 정면으로 반역하는 죄요, 하나님의 구원 계획을 부정하는 죄요, 하나님의 아들을 십자가에 못박아 죽이는데 결정적 역할을 함으로 사탄에게 완전히 예속된 종으로서 범한 죄악이다. 예수께서는 가룟 유다를 위해 기도하지 않으셨으며, 긍휼히 여기지도 아니하셨다. 유다가 범한 죄는 "사망에 이르는 죄이다"

그러면 본문에서 말하는 "사망"(다나토스, θάνατος)이란 무엇인가?

단순한 육체적 사망을 말하는가?

아니면 영적 사망을 말하는 것인가?

물론 영적 사망을 뜻한다. 영적 사망이란, 다시 회복할 수 없는 하나님의 생명과의 완전한 단절을 의미한다. 그 사망의 원인은 "죄"(하말티아, ἁμαρτία)이다(롬 6:23). 그리고 죄는 불순종에서 오는 것이다. 그리고 그 불순종은 불신앙(不信仰)이다.

그 불신앙의 상태가 소극적이든 적극적이든, 인간의 기준으로 볼 때 선(善)해 보이든 극악해 보이든 상관없이, 근본적으로는 불신앙이기 때문에 영적 사망에 이르게 되는 것이다. 사망에 이르는 죄를 범하는 사람의 태도는 사탄과 함께 하나님에 대항하여 적극적으로 반역의 입장에 서서, 고의적으로 회개를 거부하고, 용서받을 수 없는 죄를 범한다. 즉 성령을 모독하고, 훼방하고, 성령의 증거를 반대하며, 의식적으로, 악의적으로, 고의적으로 그리스도를 거부하고, 비방하고, 증오한다(마 12:31, 32; 막 3:28-30; 눅 12:10; 히4:4-6; 10:26, 27).

불신앙적 상태에 있는 사람들 중에서 도덕적으로는 선하게 살아도, 끝까지 불신앙을 고집할 경우 그런 사람은 하나님으로부터 "내어 버려진 자이다"(롬 1:24-28).

그러나 불신앙으로 적극적으로 반대할지라도 바울처럼 선택받은 자(롬 1:1; 갈 1:15)는 하나님의 구원의 때가 되면 부르시고, 믿어 구원을 얻게 하신다. 현재로는 분간할 수 없으나 우리는 모두의 구원을 위해 기도할 사명이 있는 것이다.

16. 참된 그리스도인(5:18-21)

5:18 "하나님께로부터 난 자는 다 범죄하지 아니하는 줄을 우리가 아노라 하나님께로부터 나신 자가 그를 지키시매 악한 자가 그를 만지지도 못하느니라"(Οἴδαμεν ὅτι πᾶς ὁ γεγεννημένος ἐκ τοῦ θεοῦ οὐχ ἁμαρτάνει, ἀλλ᾽ ὁ γεννηθεὶς ἐκ τοῦ θεοῦ τηρεῖ αὐτόν, καὶ ὁ πονηρὸς οὐχ ἅπτεται αὐτοῦ).

- '게겐네-메노스'(γεγεννημένος, 원형: 겐나오-, γεννάω, 내가 낳다): 완료 수동태 분사 남성 단수 주격.
- '겐네-데이스'(γεννηθείς, 원형: 겐나오-, γεννάω, 내가 낳다): 제1부정과거 분사 남성 단수 주격.
- '테-레이'(τηρεῖ, 원형: 테레오, τηρέω, 계속 주시하다, 지키다, 보호하다): 현재 능동태 직설법 3인칭 단수.
- '합테타이'(ἅπτεται, 원형: 하프토-, ἅπτω, 접촉하다, 촉수하다): 현재 중간태 직설법 3인칭 단수.

이 구절은 16-17절을 연결시켜 주면서 본 서신을 끝맺음하려는 다음 구절들의 시작이기도 하다. 18, 19, 20절 모두가 "우리가 아노라"(오이다멘, οἴδαμεν)라는 말로 시작하고 있다는 데 유의할 필요가 있다. 왜냐하면 "참된 그리스도인"은 이 세 구절의 내용을 바로 알고 확신에 굳게 서야하기 때문이다.

"하나님께로서 난 자마다"(파스 오 게겐네-메노스 에크 투 데우, πᾶς ὁ γεγεννημένος ἐκ τοῦ θεοῦ)는 성령으로 거듭나서 하나님의 자녀가 된 참 그리스도인들을 뜻한다. 이들의 구원은 예수 그리스도의 대속의 죽음이 완전하고 영원한 속죄가 되는 것과 같이 완전하고 영원한 것이다.

그러므로 성령으로 거듭난 그리스도인이 도덕적으로 범죄하여 타락했다 할지라도 그 죄가 영원한 사망에 이르는 죄가 되지 않는다는 것이다. 탕자가 회개하여 돌아오듯이 자기가 범한 죄를 회개하고, 하나님과의 관계를 회복하여 정상화하게 하신다. 어떤 경우는 생명을 거두시는 순간에 라도 회개시키신다. 그래서 구원을 완성시키신다.

"하나님께로서 나신 자"(호 겐네-데이스 에크 투 데우, ὁ γεννηθεὶς ἐκ τοῦ θεοῦ)는 하나님의 독생자 예수 그리스도를 지칭한다. 그리스도께서는 자신의 보혈로 값을 주어 사신 "성도들"을 무엇보다도 가장 귀한 존재로 여기시므로 항상 계속 주시하시고, 지켜 보호해 주고 계신다. 그러므로 "악한 자"(호 포네-로스, ὁ πονηρὸς), 곧 사탄이 참 그리스도인들을 예수 그리스도의 사랑의 줄에서 끊고 또다시 자기의 수하에 두려고 손을 내민다 할지라도, 그 손이 성도들의 몸에 닿을 수 없게 보호해 주심을 언약하신 말씀이다.

그러므로 사도 바울은 다음과 같이 확신에 찬 승리의 개가를 부른다.

> 누가 능히 하나님께서 택하신 자들을 고발하리요 의롭다 하신 이는 하나님이시니 누가 정죄하리요 죽으실 뿐 아니라 다시 살아나신 이는 그리스도 예수시니 그는 하나님 우편에 계신 자요 우리를 위하여 간구하시는 자시니라 누가 우리를 그리스도의 사랑에서 끊으리요 환난이나 곤고나 박해나 기근이나 적신이나 위험이나 칼이랴 … 그러나 이 모든 일에 우리를 사랑하시는 이로 말미암아 우리가 넉넉히 이기느니라 내가 확신하노니 사망이나 생명이나 천사들이나 권세자들이나 현재 일이나 장래 일이나 능력이나 높음이나 깊음이

나 다른 어떤 피조물이라도 우리를 우리 주 그리스도 예수 안에 있는 하나님의 사랑에서 끊을 수 없으리라(롬 8:33-39).

욥의 경우를 볼지라도 하나님께서는 사탄에게 "내가 그를 네 손에 맡기노라 다만 그의 생명은 해하지 말지니라"(욥 2:6)라고 말씀하시며, 생명에는 촉수할 수 없도록 보호해 주셨다.

5:19 "또 아는 것은 우리는 하나님께 속하고 온 세상은 악한 자 안에 처한 것이며"(οἴδαμεν ὅτι ἐκ τοῦ θεοῦ ἐσμέν, καὶ ὁ κόσμος ὅλος ἐν τῷ πονηρῷ κεῖται).

- **'호로스'**(ὅλος): 모두, 전체의, 전부.
- **'케이타이'**(κεῖται, 원형: 케이마이, κεῖμαι, 눕다, ~에 놓이다, 기대다): 현재 직설법 3인칭 단수.

사도 요한은 말하기를, 우리가 아는 것이 또 있는데, 그것은 참 그리스도인과 불신자의 영적 현주소가 근본적으로 다르다는 것이다. 참 그리스도인은 하나님 안에 속해 있고, 그의 지배를 받지만, 참 그리스도인을 제외한 온 세상은 악한 자인 사탄 안에 놓여져 있어, 사탄에게 속해 있으며 사탄의 지배를 받고 있다. 양자가 본질적으로 구별되어 있어, 양자가 대립적 위치에 있음을 말하고 있다.

이것은 이스라엘 민족이 애굽을 탈출한 이후 광야 40년 생활을 보면 그들은 하나님의 불 기둥과 구름 기둥으로 덮혀 있어서 온 세상과는 완전히 구별된 상태에 있었던 것과도 같다. 참 그리스도인에게는 "생명과 성령의 법"이 지배하는가 하면, 그와 반대로 온 세상은 "죄와 사망의 법"이 지배하고 있다(롬 8:2).

> **5:20** "또 아는 것은 하나님의 아들이 이르러 우리에게 지각을 주사 우리로 참된 자를 알게 하신 것과 또한 우리가 참된 자 곧 그의 아들 예수 그리스도 안에 있는 것이니 그는 참 하나님이시요 영생이시라"(οἴδαμεν δὲ ὅτι ὁ υἱὸς τοῦ θεοῦ ἥκει, καὶ δέδωκεν ἡμῖν διάνοιαν ἵνα γινώσκωμεν τὸν ἀληθινόν· καί ἐσμεν ἐν τῷ ἀληθινῷ, ἐν τῷ υἱῷ αὐτοῦ Ἰησοῦ Χριστῷ. οὗτός ἐστιν ὁ ἀληθινὸς θεὸς καὶ ζωὴ αἰώνιος).

- **'헤-케이'**(ἥκει, 원형: 헤코, ἥκω, 이르다, 도착하다): 현재 능동태 3인칭 단수.
- **'데도-켄'**(δέδωκεν, 원형: 디도미, δίδωμι, 주다, 선물하다): 완료형 3인칭 단수.
- **'디아노이안'**(διάνοιαν, 원형: 디아노이아, διάνοια, 생각, 지력, 지각, 마음, 이해): 목적격 여성 단수.
- **'아레-디노스'**(ἀληθινός): 참된, 신뢰할만한.

우리가 아는 것은 하나님의 아들, 예수 그리스도가 우리에게 오셔서 참 하나님을 인식할 수 있는 지각(마음)을 주어, 참되시고 신뢰할 만한 하나님을 알게 해 주셨다는 것이다. 예수 그리스도는 참 하나님을 인식할 수 있는 유일한 계시이다. 그리고 예수께서 "영생은 곧 유일하신 참 하나님과 그가 보내신 자 예수 그리스도를 아는 것이니이다"(요 17:3)라고 말씀하신대로, 우리에게는 이미 영생이 주어져 있음을 알게 된다.

또한 우리가 참 하나님을 알게 되었을 뿐만 아니라, 그 참 하나님의 아들 예수 그리스도 안에 있음도 알게 되었는데, 그 예수 그리스도 자신이 참 하나님이시요, 영생이시다. 사도 요한은 예수 그리스도의 신성(神性)을 또다시 강조하고 있다. 그리고 사도 바울은 "그 안에는 지혜와 지식의 모든 보화가 감추어져 있느니라"(골 2:3)라고 했다. 바울이 말하는 보화란 참 하나님에 대한 신지식(神知識)과 영생이다.

5:21 "**자녀들아 너희 자신을 지켜 우상에게서 멀리하라**"(Τεκνία, φυλάξατε ἑαυτὰ ἀπὸ τῶν εἰδώλων).

- '**휘락사테**(φυλάξατε, 원형: 휘라소-, φυλάσσω, 계속 살피다, 지키다, 방어하다): 제1부정과거 명령법 2인칭 복수.
- '**에도-론**-(εἰδώλων, 원형: 에이도-론, εἴδωλον, 모양, 형상, 우상, 신의 형상): 소유격 중성 복수.

사도 요한은 간단한 경계의 말로 이 서신의 끝을 맺고 있다.

우상이란 물론 인간의 손으로 제작된 어떤 형상을 지칭하기도 하지만, 예수 그리스도의 자리에 그 이외의 어떤 것이든지 대치하는 것은 우상이 되는 것이다. 그것은 사상, 철학, 종교, 권력, 명예, 황금, 쾌락, 전통, 과학적 지식 등이 될 수 있다.

에덴 동산에서 하와와 아담을 속였던 사탄이 지금까지도 하나님의 자녀들을 유혹하여 넘어뜨리려고 여러 가지 교묘한 방법으로 속임수를 쓰고 있다. 보암직하고, 먹음직하고, 지혜롭게 할 만큼 탐스러워 보이도록 우상으로 유혹하고 있다. 우상숭배는 하나님이 금하신 바요, 하나님께 대한 배신의 행위가 된다. 그리고 하나님의 진노를 격

발케 하는 가장 큰 원인이 된다. 우리는 이스라엘 민족사에서 그 엄연한 사실을 보고 있다.

그러므로 사도 요한은 모든 성도와 교회로 하여금 자신을 지켜 우상을 멀리하라고 권면하고 있는 것이다. 우리는 항상 자신을 살피며, 성결을 지켜야 할 것이다. 우리는 믿음과 사랑과 끊임없는 순종으로 예수 그리스도에게 붙어 있어야 할 것이다. 그리고 어떤 사본에는 "자녀들아 너희 자신을 지켜 우상에게서 멀리하라. 아멘"으로 되어 있다. 영원히 살아계시고, 참되신 하나님에게 영광과 존귀를 영원히 돌릴지어다. 아멘.

제2장 요한이서

내용 분해

1–3절	인사
4–6절	사랑으로 행하라
7–11절	거짓 교사를 경계하라
12–13절	마지막 인사

1. 서론

1) 요한이서와 요한삼서의 관계

이 두 서신은 길지 않으며, 그 내용, 문체, 분위기 등으로 보아 두 개의 서신임에는 틀림이 없다. 마지막 인사, 이단과의 싸움, 진리를 지키라고 강조하는 것 등은 서로 유사한 점이 많다.

2) 요한이서와 요한삼서의 저자

저자는 장로라고 불리고 있는데, 초대 교회에서부터 사도 요한의 저작으로 믿어오고 있다.

3) 본 서신의 수신자

수신인은 "택하심을 입은 부녀"(1절)이다.
이것은 특정한 부인으로 보는 것인가, 아니면 교회의 별명으로 보아, 그리스도의 신부인 교회라고 보아야 할 것인가?
본 서신의 내용과 13절의 인사의 내용으로 보아서도 본 서신의 수신자는 교회임을 알 수 있다.

4) 본 서신의 내용

서로 사랑할 것, 진리를 행할 것 등을 교훈하면서 영지주의(靈知主義)의 이단설을 경계하고 있다. 특히 예수 그리스도의 성육신의 진리를 강조하고 있으며, 이것을 부인하는 전도자에 대해서는 단호히 거부해야 할 것을 가르치고 있다.

5) 저작 연대와 장소

본 서신과 요한삼서가 기록된 장소는 에베소이다. 그리고 연대는 사도 요한의 만년, 즉 1세기 말이다.

6) 본 서신의 목적과 특징

목적은 거짓 교사에 대한 경고(7-11절)를 하기 위해서이며, 특징은 거짓 교사의 본질을 말하며(7절) 그에 대항해 행동해야 할 것을 말하고 있다.

2. 인사(1-3절)

1:1 "장로인 나는 택하심을 받은 부녀와 그의 자녀들에게 편지하노니 내가 참으로 사랑하는 자요 나뿐 아니라 진리를 아는 모든 자도 그리하는 것은"(Ο πρεσβύτερος ἐκλεκτῇ κυρίᾳ καὶ τοῖς τέκνοις αὐτῆς, οὓς ἐγὼ ἀγαπῶ ἐν ἀληθείᾳ, καὶ οὐκ ἐγὼ μόνος ἀλλὰ καὶ πάντες οἱ ἐγνωκότες τὴν ἀλήθειαν).

- '**프레스부테로스**'(πρεσβύτερος): 늙은, 연세가 많은, 장로.
- '**에크레크테-**'(ἐκλεκτῇ, 원형: 에크레토스, ἐκλεκτός, 선택받은): 여격 여성 단수.
- '**에그노-코테스**'(ἐγνωκότες, 원형: 기노-스코-, γινώσκω, 내가 알다): 완료 분사 남성 복수 주격.

1-3절은 본 서신의 첫 머리 인사이다.

"**장로**": 본 서신에서는 저자가 자신의 이름을 밝히지 않고 특별한 호칭을 사용하고 있다. 저자가 자신을 "장로"(호 프레스부테로스, ὁ πρεσβύτερος)라고 표현한 이유는 아마도 문장의 표현과 형태 등으로 미루어 요한일서의 저자임을 알 수 있기 때문이었을 것이다. 또한 정치적 상황을 고려해서 이렇게 표현했을 수도 있다.

당시 저자는 생존한 사도로서 나이가 가장 많았다. 나이가 많은 제자요, 사도인 저자는 온 교회에서 존경을 받았고, 위대한 지도자였다. 그러므로 저자가 자신의 이름을 밝히지 않아도 독자들이 분명히 알 수 있으리라 믿었기에 "장로"라는 표현을 사용했을 것이다.

"택하심을 받은 부녀와 그의 자녀들에게 편지하노니": 저자는 수신자를 "부녀"(큐리아, κυρία)라고 호칭하고 있다. 그 이유로는 몇 가지를 고려해 볼 수 있다.

첫째, 그 당시 교회를 "부녀"라고 불렀기 때문이다.

둘째, 헬라어의 "교회"(에클레시아, εκκλησία)라는 말이 여성 명사이기 때문이다.

셋째, 요한계시록 19:7, 21:9에 교회를 "아내, 신부"라고 표현하고 있다. 그리고 "그녀의 자녀들"이란 모든 성도들을 지칭함이다.

"택하심을 받은" 부녀와 그녀의 자녀들이다. 예수를 하나님의 아들, 구세주로 믿고 영접하여 구원 얻어, 그리스도와 연합한 자들은 영원한 전에 절대적 주권자이신 하나님에 의해 구원을 위해 선택받은 자들이다. 하나님에게서 선택받는 것은 특별한 은총이다. 그러므로 하나님으로부터 유기되지 않고, 선택받은 것이 얼마나 큰 은총인가를 끝없이 감사해야 할 것이다.

그리고 이들은 이미 그리스도를 머리로 하여 하나의 몸을 형성한 영적 유기체이다. 이 유기체는 그 무엇으로도 분리될 수 없다 (롬 8:33-39).

"내가 참으로 사랑하는 자요"(후스 에고- 아가포- 엔 알레-데이아, οὓς ἐγὼ ἀγαπῶ ἐν ἀληθείᾳ): 그 부녀와 그 부녀의 자녀들은 사도 요한이 진실로 사랑하는 자들임을 말하고 있다. 사도 요한은 그리스도 안에서 한 지체를 형성하고 있는 모든 교회를 거짓 없이 진실로 사랑하고 있음을 나타내고 있다.

또한 "나뿐 아니라 진리를 아는 모든 자도" 그들을 사랑한다고 말하고 있다. "진리"를 아는 자들이란, 곧 진리이신 그리스도(요 14:6)를 아는 자라는 뜻이다. 그래서 사도 요한뿐만 아니라 모든 교회가 이

서신을 받는 독자들을 사랑한다는 것이다.

1:2 "우리 안에 거하여 영원히 우리와 함께 할 진리로 말미암음이로 다"(διὰ τὴν ἀλήθειαν τὴν μένουσαν ἐν ἡμῖν, καὶ μεθ' ἡμῶν ἔσται εἰς τὸν αἰῶνα).

- '에스타이'(ἔσται, 원형: 에이미, εἰμί, 내가 있다, ~이다): 미래 3인칭 단수.

사도 요한은 '부녀와 그 부녀의 자녀들'을 사랑하는 이유를 말하고 있다. 즉 교회 상호간, 신자 상호간의 사랑은 진리이신 그리스도 때문이다.

그리스도를 사랑하는 자에게는 진리가 거하여 있기 때문에 그 진리가 분리될 수 없고, 다툴 수도 없는 것이다. 진리인 그리스도가 우리 안에 거하는 한, 진리가 우리를 지배하며 영원히 함께 계실 것이다(마 28:20). "진리"이신 그리스도가 우리 안에 계시다면, 우리는 그의 계명인 "사랑"을 실천하게 될 것이며, 그 사랑 안에서 모두가 하나가 되는 것이다.

1:3 "은혜와 긍휼과 평강이 하나님 아버지와 아버지의 아들 예수 그리스도께로부터 진리와 사랑 가운데서 우리와 함께 있으리라"(ἔσται μεθ' ἡμῶν χάρις ἔλεος εἰρήνη παρὰ θεοῦ πατρός, καὶ παρὰ Ἰησοῦ Χριστοῦ τοῦ υἱοῦ τοῦ πατρός, ἐν ἀληθείᾳ καὶ ἀγάπῃ).

- '카리스'(χάρις): 은혜, 은총.
- '에레오스'(ἔλεος): 긍휼.

· '**에이레-네-**'(εἰρήνη): 평화, 평안.

본문은 일반적인 인사말이지만 사도의 축복 어린 인사이며, 하나님의 사랑이 성도들에게 충만히 부어지는 축복이다.
"은혜와 긍휼과 평강"(카리스 엘레오스 에이레-네-, χάρις ἔλεος εἰρήνη): 각 단어 사이에 '카이'(καί, 그리고)나 쉼표(,)가 없이 쓰여져 있다.
'파라'(παρά, ~로부터)는 은혜와 긍휼과 평강이라는 축복의 "근원"을 가리킨다. 즉 하나님 아버지와 아들 예수 그리스도 자신이 축복의 근원이심을 말하고 있다. 그리고 그 조건이 반드시 "진리와 사랑 가운데서"임을 명시하고 있다. 진리와 사랑이 없는 "은혜와 긍휼과 평화"라는 축복은 모두 거짓이요, 하나님의 선물을 가로채는 도적이다.
"은혜"라 함은 하나님의 사랑과 선한 의지이다. 죄인을 향하여 무조건적으로, 그리고 일방적으로 값없이 주시는 구원의 선물이다.
"긍휼"은 믿고 죄를 회개하는 자에게 베푸시는 용서와 사죄(赦罪)이다.
"평강"은 예수 그리스도로 말미암아 근본적으로 하나님과의 화목을 근거로 주어지는 영적 평온이요, 양심의 평정이다. 그리고 모든 안전과 외적 풍요도 함께한다.

3. 사랑으로 행하라(4-6절)

1:4 "너의 자녀들 중에 우리가 아버지께 받은 계명대로 진리를 행하는 자를 내가 보니 심히 기쁘도다"(Ἐχάρην λίαν ὅτι εὕρηκα ἐκ τῶν τέκνων σου περιπατοῦντας ἐν ἀληθείᾳ, καθὼς ἐντολὴν ἐλάβομεν παρὰ τοῦ πατρός).

- **'에카렌'**(ἐχάρην, 원형: 카이로-, χαίρω, 기뻐하다): 제2부정과거 수동태 1인칭 단수.
- **'리안'**(λίαν): 심히, 많이, 크게.
- **'휴레카'**(εὕρηκα, 원형: 휴리스코-, εὑρίσκω, 내가 발견하다, 만나다, 찾아내다): 완료 능동태 1인칭 단수.
- **'페리파툰타스'**(περιπατοῦντας, 원형: 페리파테오-, περιπατέω, 걷다, 행하다, 따르다): 현재 분사 남성 복수 여격.

　사도 요한은 성도들이 하나님의 계명을 지켜 진리를 행동으로 옮겨 생활하는 그 신앙생활을 발견하고는, 너무나도 마음에 기쁨이 벅차 오르고 있다. 갖은 박해와 유혹 가운데서도 계명의 진리를 지키는 모습은 영적 지도자의 마음에 크게 감동적인 일이 아닐 수 없었을 것이다. 사도 요한의 마음을 크게 기쁘게 한 일은 곧 그를 보내신 예수 그리스도의 마음을 크게 기쁘시게 해드린 일이 되는 것이다.
　간악한 세상에서 진리를 따라 생활하는 인생 행로는 결코 쉬운 일이 아니다. 그렇지만 우리가 하나님에게서 받은 계명이므로 당연히 준수해야 할 것이다.

사도 요한의 마음이 크게 기뻐하는 또 한 가지 이유는 여러 지역에 분산되어 있는 성도들이 계명을 따라 진리를 행하므로 주님의 복음이 힘차게 전파되는 모습을 보기 때문이다. 지역마다 복음화의 역사가 이루어지고 있기 때문에 사도 요한으로서는 크게 기뻐하게 되는 것이다.

그리스도인의 삶의 궁극적 목적이 무엇이라고 했는가?

하나님께 영광을 돌이고 영원히 하나님을 기쁘시게 해드리는 데 있다.

오늘 우리 그리스도인들의 삶이 예수 그리스도와 목회자의 마음을 얼마나 기쁘게 해드리고 있는가?

반성해 보자.

오늘 목회자들은 목회의 현장에서 무엇 때문에 기뻐하고 있는가?

그리고 기뻐할만한 일들이 있는가?

스스로에게 물어보자!

목회자들이 사람들이 주는 박수갈채와 넉넉한 대우 때문에 기뻐하고 있는가?

양 떼가 영적 기갈 상태에 있는 모습은 보이지 않고 자기 배만 불리는 일에 혈안이 되어 있지는 않는지?

세상 권력과 짝하여 명예를 얻으려고 애쓰고 있지는 않는지?

1:5 "부녀여, 내가 이제 네게 구하노니 서로 사랑하자 이는 새 계명 같이 네게 쓰는 것이 아니요 처음부터 우리가 가진 것이라"(καὶ νῦν ἐρωτῶ σε, κυρία, οὐχ ὡς ἐντολὴν καινὴν γράφων σοι ἀλλὰ ἣν εἴχαμεν ἀπ' ἀρχῆς, ἵνα ἀγαπῶμεν ἀλλήλους).

"부녀여"(κυρία, κυρία)라는 호칭은 "교회여"라는 뜻이다. 에스겔

42:15-20에 의하면 하나님의 교회는 세상과 성별되고, 견고하여 동요됨이 없는 성곽을 이루고 있다.

신약적으로는 예수 그리스도의 몸이요, 그리스도의 사랑스러운 신부이며, 유대인과 이방인 사이의 모든 담을 헐려 하나가 되어 있는 영적 유기체이다.

사도 요한은 지금 더 깊은 내용을 말하려 하고 있다. 그것은 주님의 사도로서 교회와 성도들을 향한 "요구"(에로-토-, ἐρωτῶ)인데, 즉 "서로 사랑하자"(아가포-멘 알레루스, ἀγαπῶμεν ἀλλήλους)이다. 교회와 성도들로 하여금 서로 사랑하게 하는 것은 사도적 사명이다. 이것은 예수 그리스도께서 주신 새 계명이요, 사도 자신이 처음부터 말해 온 계명이다(요일 2:7, 8; 3:23). 결코 낯선 것이 아니라 익숙한 것이다.

"서로 사랑하라"라는 하나님의 명령은 그리스도인의 마음을 지배해야 하며, 그리스도인는 성령의 감동에 의해 자발적으로 순종하여 그 계명을 지키는 것이다. 이 계명을 지킨다는 것은 우리가 그리스도의 제자 됨의 증거요, 하나님의 자녀 됨의 증거이다.

1:6 "또 사랑은 이것이니 우리가 그 계명을 따라 행하는 것이요 계명은 이것이니 너희가 처음부터 들은 바와 같이 그 가운데서 행하라 하심이라"(καὶ αὕτη ἐστὶν ἡ ἀγάπη, ἵνα περιπατῶμεν κατὰ τὰς ἐντολὰς αὐτοῦ· αὕτη ἡ ἐντολή ἐστιν, καθὼς ἠκούσατε ἀπ᾽ ἀρχῆς, ἵνα ἐν αὐτῇ περιπατῆτε).

"성부 성자 성령" 하나님이 말씀하시는 "사랑"은 하나님의 자녀된 성도들이 서로 사랑하는 것이다. 이 사랑은 단순히 인정적(人情的) 사랑이 아니라, 하나님께서 독생자를 아낌없이 희생시키신 그 하나님의 뜻을 실천하는 형제 사랑(兄弟愛)이다.

본 절 한 구절 안에 "행한다"(페리파토-멘, περιπατῶμεν, 페리파테-테, περιπατῆτε)는 단어가 두 번씩이나 사용된 것은 형제 사랑의 계명을 실천할 것을 강조하는 것이다. 이것은 또한 야고보 장로의 사상과 일치한다(약 2:26).

구호만으로 끝나는 것은 참 사랑이 아니다. 그런 사랑은 허위요, 위선이요, 성경적이 아니다. 이것은 자기의 양심을 속이는 것이다. 참 사랑은 하나님의 요구를 따라 믿음으로 순종하며, 실천에 옮기는 것이다. 여기에 성령의 능력의 역사하심이 나타난다. 이것이 하나님께 영광이 되는 것이다.

하나님께서 우리에게 계명을 주신 것은 우리를 괴롭게 하기 위해 짐을 지우신 것이 아니라, 계명 실천을 통해 우리에게 축복을 주시기 위해서 주신 것이다. 그러므로 우리가 하나님의 계명인 "서로 사랑하라"를 실천하게 되면 우리에게는 영적인 면에서뿐만 아니라 생활 전반에 큰 축복이 주어질 것이다. 개인적으로 그리고 교회적으로 또한 사회적으로도 큰 축복이 될 것이다.

4. 거짓 교사를 경계하라(7-11절)

1:7 "미혹하는 자가 세상에 많이 나왔나니 이는 예수 그리스도께서 육체로 오심을 부인하는 자라 이런 자가 미혹하는 자요 적그리스도니"(ὅτι πολλοὶ πλάνοι ἐξῆλθον εἰς τὸν κόσμον, οἱ μὴ ὁμολογοῦντες Ἰησοῦν Χριστὸν ἐρχόμενον ἐν σαρκί· οὗτός ἐστιν ὁ πλάνος καὶ ὁ ἀντίχριστος).

- **'프라노스'**(πλάνος): 배회자, 사도에서 빠진 자, 속이는 자, 미혹자, 거짓 교사.
- **'엑셀돈'**(ἐξῆλθον, 원형: 엑셀코마이, ἔρχομαι, 들어오다, 나가다): 제2부정과거 1인칭 단수 또는 3인칭 복수.
- **'호모로군테스'**(ὁμολογοῦντες, 원형: 호모로게오-, ὁμολογέω, 같은 말을 하다, 따라서 말하다, 고백하다, 동의하다): 현재 분사 남성 복수 주격.

거짓 교사에 대한 것은 요한일서 2장과 4장의 해석을 참고하기 바란다. 사도 요한은 거짓 교사를 경계할 것을 말하면서 이미 거짓 교사들이 많이 이 세상 속으로 들어와 있음을 말하고 있다. "거짓의 아비"(요 8:44)인 사탄이 처음 인간을 속인 것은 하나님의 거룩하신 뜻을 전복하는 데 그 목적이 있었다.

사탄은 "거짓"이라는 수단을 무기로 삼고 모든 시대에서 계속적으로 하나님의 구원의 계획을 타도하기 위해 공격해 오고 있다. 그 절정을 이룬 것이 바로 예수 그리스도를 십자가에 못 박음이다. 그러나 예수 그리스도의 부활로 말미암아 사탄의 공격은 완전히 실패해 버렸고, 예수 그리스도께서 완전히 승리하셨다. 그렇지만 사탄은 계속해서 주님의 교회를 공격해 오고 있다.

이제 사탄의 방법은 사람들의 마음에 거짓의 영을 넣어 교회와 성도들을 미혹하는 것이다. 환언하자면 예수가 메시야, 그리스도 되심을 부정하는 것이다. 즉 예수 그리스도가 육체로 임하셨다는 진리의 말씀에 "동의하지 않는 것"(메- 호모로군테스, μὴ ὁμολογοῦντες)이다. 그러기 위해서는 요한복음 1:14, "말씀이 육신이 되어 우리 가운데 거하시매 우리가 그 영광을 보니 아버지의 독생자의 영광이요 은혜와 진리가 충만하더라"라 는 하나님의 계시의 말씀을 부정하는 길밖에 없는 것이다.

사탄은 그 목적을 성취하기 위해 많은 거짓 교사들을 세상 속으로 파송해서 될 수 있는 대로 많은 사람들을 미혹시켜 하나님의 뜻을 방해하려는 것이다.

사도 요한은 이렇게 미혹하는 거짓 교사가 바로 적그리스도(안티크리스토스, ἀντίχριστος)임을 힘주어 말하면서 경계시킨다. 사도 요한 당시 기독교에 도전하는 사상 체계가 "영지주의"(Gnosticism)였으며, 예수 그리스도의 성육신을 부정하는 그 사상은 "가현설"(docetism)이었다.

이러한 거짓 교사의 모든 미혹에서 이길 수 있는 비결은 오직 믿음이다. 즉 예수 그리스도의 "성육신"(Incarnation)의 진리를 믿는 믿음에 굳게 서는 것이다. 그리고 이 믿음으로 "서로 사랑"하고, 이 사랑을 유지하는 것이다.

오늘날에도 미혹하는 자들이 다양한 양의 얼굴을 가지고 교회에 침투하여 지도자들과 성도들을 미혹하고 있다. 그뿐만 아니라 적그리스도가 정치, 경제, 문화, 종교 등 여러 가지 방법으로 주님의 교회를 미혹하고 있음을 알아야 할 것이다.

1:8 "너희는 스스로 삼가 우리가 일한 것을 잃지 말고 오직 온전한 상을 받으라"(βλέπετε ἑαυτούς, ἵνα μὴ ἀπολέσητε ἃ εἰργασάμεθα, ἀλλὰ μισθὸν πλήρη ἀπολάβητε).

- '**아포레세테**'(ἀπολέσητε, 원형: 아포루미, ἀπόλλυμι, 죽이다, 완전히 멸망시키다, 잃다, 비게 하다): 제1부정과거 가정법 2인칭 복수.
- '**에일가사메다**'(εἰργασάμεθα, 원형: 엘가조마이, ἐργάζομαι, 일하다, 노동하다, 노동하여 얻다): 제1부정 과거 1인칭 복수.

- '미스돈'(μισθὸν): 상급, 보상.
- '프레-레-'(πλήρη): 온전한, 가득찬, 온전히 얻은.
- '아포라베-테'(ἀπολάβητε, 원형: 아포람바노-, ἀπολαμβάνω, 찾고 구한 것을 얻다): 제2부정 과거 가정법 2인칭 복수.

본문을 직역해 본다면, "너희들은 스스로를 살펴 우리들이 일하여 얻은 것을 잃어버리지 말라. 오히려 온전한 상급을 힘써 얻으라"라고 할 수 있다.

사도 요한은 본 절에서 2가지 권면을 하고 있다.

첫째, 지금까지 사도들과 영적 지도자들이 애써 전도하여 양육시켜 놓은 생명처럼 귀한 믿음을 잃어버리지 말라.

둘째, 너희들을 위해 하나님이 예비해 놓으신 약속된 미래의 상급, 즉 하나님 나라에서 받게 될 영원한 생명과 영광을 상실하지 않도록 그 상급을 얻도록 노력하라.

만약에 신자들이 적그리스도의 미혹에 넘어가서 믿음을 잃어버린다면, 사도들이 지금까지 모든 수고한 것이 헛되어 버리고, 또한 신자들이 얻게 될 상급도 헛되게 될 것이므로 충분히 주의해야 할 것이다.

현실적으로 볼 때, 목회자의 평생의 노고가 거짓 교사들의 미혹에 의해 허물어지는 경우가 얼마나 많은가?

우리는 정신을 차리고 경계하고 또 경계하여 주님의 양 떼를 지켜야 할 것이며, 주님의 몸된 교회를 든든히 세워 가야 할 것이다.

1:9 "지나쳐 그리스도의 교훈 안에 거하지 아니하는 자는 다 하나님을 모시지 못하되 교훈 안에 거하는 그 사람은 아버지와 아들을 모시느니라"(πᾶς ὁ προάγων καὶ μὴ μένων ἐν τῇ διδαχῇ τοῦ Χριστοῦ Θεὸν οὐκ ἔχει· ὁ μένων ἐν τῇ διδαχῇ, οὗτος καὶ τὸν πατέρα καὶ τὸν υἱὸν ἔχει).

- **'프로아곤'**(προάγων, 원형: 프로아고-, προάγω[πρό + ἄγω], 이끌다, 앞서 인도하다, 앞서 나가다): 현재 분사 남성 단수 주격.

올바른 기독론(그리스도 교훈)이야말로 죄인을 하나님께로 인도하며, 구원에 이르게 한다. 성경이 증언하는 기독론을 반대하는 자는 아무리 훌륭한 철학을 가지고 있다 해도 살아계신 하나님께로 인도받을 수 없을뿐더러 구원에도 이르지 못한다.

올바른 기독론은 예수가 하나님의 아들이며, 성육신하셔서 인류의 죄를 대신하여 대속의 죽음을 죽으신 구세주이시며, 육체적 생명의 부활을 하시고 승천하셔서 인류의 심판을 위해 재림하실 메시야, 그리스도이시며, 하나님 아버지와 동일본질(同一本質, 호모우시오스, ὁμοούσιος)이신 성자(聖子) 되심을 믿는 기독론이다. 이러한 기독론을 믿는 자라야 성부와 성자를 모실 수 있는 것이다.

그러나 그러한 기독론에 반대하여 자기의 철학이나 사상이 성경의 기독론보다 훨씬 우월하다고 주장하는 것은 성경의 기독론을 앞질러 지나친 것이다. 그것은 성경의 진리가 아니라 인본주의적 사상일 뿐이다. 거기에는 하나님이나 아들이 존재하지 않는다.

벌써 1세기의 이단자 중에 영지주의와 같이 자기들이 믿는 도리와 철학이 기독교의 도리보다 우수하다고 주장하는 자들이 있었는데, 이런 자들을 가리켜 "지나친 자"(호 프로아곤, ὁ προάγων)라고 말하는 것이다. 즉 예수 그리스도의 성육신과 신성을 부정하는 "가현설"과 같은 이단을 경계시키고 있다. 그리고 어떤 신학적 사상이라 할지라도 성경의 진리보다 앞서는 것은 이단이요, 적그리스도이다. 그리고 거기에는 하나님이 계시지 않는다고 사도 요한이 강조하고 있다.

그렇지만 성경이 가르치는 참 기독론을 믿는 자는 하나님 아버지와 그의 아들 예수 그리스도를 영접하게 되는 것이다(요 1:12). 그리고 구원을 얻게 되는 것이다.

기독교 사상사를 살펴보면 1세기에는 영지주의의 가현설, 3세기에는 루키안(Lucien)과 그의 제자 아리우스(Arius)가 예수 그리스도가 하나님 아버지의 피조물이라는 종속론(從屬論)을 주장했으며, 중세에 이르러서는 교황주의가 예수 그리스도의 자리를 대신하게 되자 이성주의와 신비주의가 기독교라는 치마폭에 인본주의를 감싸 안고 있었다.

그리고 19세기에 이르러서는 헤겔(Hegel)을 필두로 해서 슐라이어마허(Schleiermacher) 그리고 알브레히트 리츨(Albrecht Ritschl) 등이 예수의 신성을 완전히 부정하고 "훌륭한 스승, 모범적인 스승"론을 주장했다.

20세기에 이르러서는 세속화 신학과 사신 신학이 등장하며 예수 그리스도의 구원론을 부정하고 있다. 그리고 이러한 사상들이 세속적 정치세력과 결탁하여 기독교에 정면으로 도전해 오고 있다. 그리고 다양한 모습으로 변장하여 기독교의 이름으로 등장하는 사이비 종교들이 기독교 안으로 침투해 오고 있다.

이 모두가 하나님과 예수 그리스도를 부정하는 사탄적 적그리스도의 세력이다. 오늘 우리는 성경의 진리를 사수하고 전하고 가르치고 지키게 해야 할 것이다.

1:10-11 "누구든지 이 교훈을 가지지 않고 너희에게 나아가거든 그를 집에 들이지도 말고 인사도 하지 말라 그에게 인사하는 자는 그 악한 일에 참여하는 자임이라"(εἴ τις ἔρχεται πρὸς ὑμᾶς καὶ ταύτην τὴν διδαχὴν οὐ φέρει, μὴ λαμβάνετε αὐτὸν εἰς οἰκίαν καὶ χαίρειν αὐτῷ μὴ λέγετε. ὁ λέγων γὰρ αὐτῷ χαίρειν κοινωνεῖ τοῖς ἔργοις αὐτοῦ τοῖς πονηροῖς).

· '카이레인 … 레게테'(χαίρειν … λέγετε, 숙어: 레고– 카이레인, λέγω χαίρειν, 인사하다, 기뻐하며 말하다): '레게테'(λέγετε)는 '레고'(λέγω)의 현재 명령법 능동태 2인칭 복수.

사도 요한은 유혹하는 적그리스도 이단자들에 대해 강하게 경계하고 있다. 즉 예수 그리스도가 하나님의 아들이요, 하나님에게 기름 부음을 받은 메시야이시요, 속죄와 구원을 성취하신 분임을 부정하며, 자기의 철학적 사상이나, 어떤 종교적 신념을 성경의 기독론보다 더 앞세우는 유혹자들을 일반 나그네처럼 집안으로 영접하지도 말고, 즐겁게 대화도 말고, 인사도 하지 말라고 단호히 경계하고 있다.

이 경고 및 경계의 말씀은 로마서 12:13과 히브리서 13:2의 "손님을 대접하라"는 말씀과 결코 위배되는 것이 아니다. 로마서와 히브리서의 말씀은 일반적인 경우를 말하는 것이고, 사도 요한은 기독교의 진리를 파괴하고, 주님의 몸된 교회를 멸절시키고, 성도들을 유혹하여 하나님을 배신케 할 목적으로 접근하는 자들에 대해서 말하는 것이다.

만약에 사랑이라는 명목으로 유혹자들을 접대하다가 이단 사상에 빠지게 되면 자기 자신의 영적 구원의 문제뿐만 아니라 온 가족과 온 교회에 큰 피해를 입히게 된다. 현재 마귀는 자기의 때가 얼마 남지 않는 것을 알기 때문에(계 12:12) 주님의 교회를 향해 총공격을 감행하고 있다. 교회의 참 목회자들과 신학자들과 성도들은 마귀의 간계를 능히 대적하기 위하여 하나님의 전신 갑주를" 입어야 할 것이다(엡 6:11).

5. 마지막 인사(12-13절)

1:12-13 "내가 너희에게 쓸 것이 많으나 종이와 먹으로 쓰기를 원하지 아니하고 오히려 너희에게 가서 대면하여 말하려 하니 이는 너희 기쁨을 충만하게 하려 함이라 택하심을 받은 네 자매의 자녀들이 네게 문안하느니라"(Πολλὰ ἔχων ὑμῖν γράφειν οὐκ ἐβουλήθην διὰ χάρτου καὶ μέλανος, ἀλλὰ ἐλπίζω γενέσθαι πρὸς ὑμᾶς καὶ στόμα πρὸς στόμα λαλῆσαι, ἵνα ἡ χαρὰ ὑμῶν πεπληρωμένη ᾖ. Ἀσπάζομαί σε τὰ τέκνα τῆς ἀδελφῆς σου τῆς ἐκλεκτῆς).

- '디아 칼투 카이 메라노스'(διὰ χάρτου καὶ μέλανος, 종이와 먹으로): 파피루스와 같은 종이 그리고 일종의 잉크.
- '아스파조마이'(ἀσπάζομαι, 인사하다, 경례하다): 현재 직설법 중간태 1인칭 단수.

사도 요한은 가까운 장래에 이 교회를 방문할 생각으로 자신의 깊은 사랑을 글로 다 표현할 수 없어서 직접 만나서 입과 입을 맞대어 많은 말씀을 하고 싶은 것이다. 우리는 사도 요한이 주님의 교회를 얼마나 열렬히 사랑하고 있는가를 짐작할 수 있다.

사도가 직접 대면하여 말을 하려는 이유는 "너희의 기쁨을" 충만케 하기 위함이다. "너희의"라는 표현이 사본에 따라 다르다. 다음과 같이 3가지로 표현되어 있다.

'헤몬'(ἡμῶν, 우리의), '휘몬'(ὑμῶν, 너희의), '에무'(ἐμοῦ, 나의).

그리고 13절은 사도 요한이 있던 에베소 교회 성도들이 인사를 보내는 내용이다.

교회들을 자매지간으로 표현했고, 성도들을 그 자매들의 자녀들이라고 묘사하고 있다. 그리고 그 자녀들이란 하나님에게서 "선택받은 자들"임을 분명히 하고 있다.

사본에 따라 다음과 같이 끝맺음을 하고 있다.

① '테스 에클레크테스'(τῆς ἐκλεκτῆς, 선택받은 자의).
② '테스 에클레크테스 아멘'(τῆς ἐκλεκτῆς ἀμήν, 선택받은 자의 … 아멘).
③ '테스 에클레시아스 아멘'(τῆς ἐκκλησίας ἀμήν, 교회의 … 아멘).
④ '테스 에클레크테스 테스 엔 에페소'(τῆς ἐκλεκτῆς τῆς εν Εφέσω, 에베소에 있는 선택받은 자의).
⑤ '테스 에크레크테스 헤 카리스 메스 휘몬 아멘'(τῆς ἐκλεκτῆς, ἡ χάρις μεθ' υμών αμην, 선택받은 자의 … 은혜가 너희와 함께 있을지어다. 아멘).

제3장 요한삼서

내용 분해

1-4절	인사
5-8절	순회 전도자를 후대함
9-10절	디오드레베에 관하여
11-12절	데메드리오를 본받으라
13-15절	마지막 인사

1. 서론

본 서신의 저자와 저작 연대, 장소와 본 서신의 특징에 관해서는 요한이서에서 이미 언급한 바 있다. 본 서신의 저자에 대해 의심하는 자가 있으나, 문장의 내용으로나 그 사상으로 볼 때 저자는 사도 요한임을 알 수 있다. 수신자는 가이오이다. 그는 바울에게서 세례를 받은 사람이다(고전 1:14; 롬 16:23).

1) 본 서신의 목적

사도 요한의 사랑과 기도를 알리고, 교회에 말썽이 되고 있는 디오드레베를 본받지 말고 데메드리오 같은 신자의 모범을 받으라고 가르치는 데 그 목적이 있다.

2) 본 서신의 특징

요한일서, 요한이서와 같이 이단 사상에 관한 내용은 없고 개인을 소개하고 교회의 문제 인물을 어떻게 할 것인가에 대해 기록하고 있다.

2. 인사(1-4절)

1:1 "장로인 나는 사랑하는 가이오 곧 내가 참으로 사랑하는 자에게 편지하노라"(Ο πρεσβύτερος Γαΐῳ τῷ ἀγαπητῷ, ὃν ἐγὼ ἀγαπῶ ἐν ἀληθείᾳ).

"장로"(프레스부테로스, πρεσβύτερος)는 사도 요한 자신을 가리킨다(참조, 요이 1절).
"가이오"(Γαΐῳ): 성경에는 가이오라는 명칭이 많이 나온다(행 19:29; 20:4; 고전 1:14; 롬 16:23). 혹은 옛 기록에 버가모 감독이었던 가이오, 혹은 완전히 별도의 인물인지는 확실히 알 수 없다. 당시에는 "가이오"라는 명칭은 흔한 이름 중의 하나였다. 그런데 나그네 접대를 잘 한 것으로 보아 모든 교회에 잘 알려진 "가이오"(롬 16:23; 고전 1:14)와 동일 인물로 보는 것이 본 서신의 내용상 가장 적절하다고 여겨진다.
사도 요한이 "내가 참으로 사랑하는 자"(혼 에고- 아가포- 엔 알레-데이아, ὃν ἐγὼ ἀγαπῶ ἐν ἀληθείᾳ)라는 표현을 한 것을 보면 가이오가 얼마나 중요한 인물인지를 짐작할 수 있다.
사도 요한은 "사랑한다"라는 말을 두 번이나 반복해서 표현한 것과 "내가 사랑한다"(에고- 아가포-, ἐγὼ ἀγαπῶ)라고 강조한 점을 보아서도 그 사랑의 진실성을 알 수 있다. 이 사랑은 그리스도 안에서의 복음적 사랑이다. 이런 것으로 미루어 보아, 사도 요한과 가이오와의 관계가 예수 그리스도 안에서 영적으로 매우 밀접한 관계였던 것을 가히 짐작된다.
신자가 교회의 지도자에게 진실한 사랑을 받을 만큼 인정을 받는다는 것은 매우 귀한 일이다.

1:2 "사랑하는 자여 네 영혼이 잘됨 같이 네가 범사에 잘되고 강건하기를 내가 간구하노라"(Ἀγαπητέ, περὶ πάντων εὔχομαί σε εὐοδοῦσθαι καὶ ὑγιαίνειν, καθὼς εὐοδοῦταί σου ἡ ψυχή).

- '**유코마이**'(εὔχομαί): 기도하다, 원하다, 요구하다, 희망하다.
- '**유오두스다이**'(εὐοδοῦταί, 원형: 유오도오-, εὐοδόω[εὐ〈좋은〉 + ὁδός〈길〉], 순조로운 여행을 하도록 하다, 성공적인 여행을 하도록 하다, 영적으로 잘되다): 현재 가정법 수동태 1인칭 단수.
- '**휘기아이네인**'(ὑγιαίνειν, 원형: 휘기아니노-, ὑγιαίνω, 건강하다, 강건하다): 현재 가정법.
- '**유오두타이**'(εὐοδοῦταί, 원형: 유오도오-, εὐοδόω[εὐ〈좋은〉 + ὁδός〈길〉], 순조로운 여행을 하도록 하다, 성공적인 여행을 하도록 하다, 영적으로 잘되다): 현재 수동태 3인칭 단수.

이것은 가이오를 위한 사도 요한의 진실 어린 기도이다. 가이오의 영적 상태가 매우 건전했기 때문에 그가 행하는 모든 일들이나, 육체적 건강까지도 동일한 상태에 있기를 원하여서 기도하고 있다.

영적 상태의 건전성이 육체적 건강과 생활의 범사가 잘되는 축복의 원인이 된다. 그리고 영적 건전성은 진실한 회개에서 출발하고 새 계명의 실천에서 이루어진다.

은혜와 건강은 두 개의 부요한 동반자이다. 은혜는 건강을 증진시키고, 건강은 은혜를 필요로 한다. 때로는 불편한 육체에도 풍성한 은혜가 머물기도 한다. 건전한 영혼을 가진 자는 자신의 육체적 건강을 위해 기도해야 한다. 그리하면 은혜의 빛이 더 넓은 은혜의 영역에 비취게 될 것이다.

1:3 "형제들이 와서 네게 있는 진리를 증언하되 네가 진리 안에서 행한다 하니 내가 심히 기뻐하노라"(ἐχάρην γὰρ λίαν ἐρχομένων ἀδελφῶν καὶ μαρτυρούντων σου τῇ ἀληθείᾳ, καθὼς σὺ ἐν ἀληθείᾳ περιπατεῖς).

사도 요한은 여러 순회 전도자들을 파송하여 많은 교회들을 보살폈다. 아마도 노(老) 사도는 건강상 여행이 어려웠을 것이다. 그래서 자신을 대신하여 순회 전도자들을 파송했을 것이다. 이것이 보다 효율적이었을 것이다. 그중에 "가이오"가 섬기는 교회를 방문하여 가이오를 만났던 형제들이 사도 요한에게 돌아와 가이오에 관한 보고를 하게 되었다.

그 내용은 다음과 같다.

첫째, 가이오와 가이오의 가족과 그 교회가 사도 요한이 전하고 가르쳐 준 그대로 진리를 지키고 진리를 실천한다는 것이다. 곧 신앙의 실제성이 증거되었다.

둘째, 교회를 미혹하는 이단 사설에 동요되지 않고 복음의 진리 안에서 교회가 든든히 서 있다는 것이다. 곧 신앙의 확고한 신실성이 증거되었다.

셋째, 사랑의 계명을 실천한다는 것이다. 전도자들을 극진히 대접하고, 교회 안에서 형제자매들을 사랑하고, 나그네들과 고아와 과부들에게 그리고 가난한 자들에게 주님의 이름으로 사랑의 손길을 아끼지 않는 다는 것이다. 이것은 주님을 경외하는 신앙의 표현이요, 신앙의 실증이다. 그의 신앙이 생명력이 있음을 나타내는 증거이다.

이러한 소식은 노 사도의 마음을 크게 기쁘게 해 주고도 남음이 있었다. 아마도 사도 요한의 기뻐하는 모습을 볼 때, 가이오의 가정 교회는 일찍이 사도 요한이 목회했던 교회로 짐작된다.

이처럼 이 서신 안에는 노 사도의 아름다운 마음이 약동하고 있음을 읽을 수 있다. 오늘날 목회자와 교회 사이에 이러한 관계가 이루어져야 우리 주님이 기뻐하시리라 믿는다.

1:4 "내가 내 자녀들이 진리 안에서 행한다 함을 듣는 것보다 더 기쁜 일이 없도다"(μειζοτέραν τούτων οὐκ ἔχω χαράν, ἵνα ἀκούω τὰ ἐμὰ τέκνα ἐν τῇ ἀληθείᾳ περιπατοῦντα).

사도 요한은 가이오와 그 교회 성도들을 향해 "내 자녀들"(타 에마 테크나, τὰ ἐμὰ τέκνα)이라고 부르는 데 주저함이 없다. 그 이유는 사도 요한이 직접 복음을 전하여 양육한 믿음의 자녀들이기 때문이다. 목회자로서 심혈을 기울여 어버이의 마음으로 양육했기에 이렇게 부를 수 있는 것이다. '에마'(ἐμὰ)는 영어의 'my'(나의), 'mine'(나의 것)이란 뜻이다.

사도 요한에게 있어서 최대의 환희(메이조테란 … 카란, μειζοτέραν … χαράν, 더 큰[더 위대한] 기쁨)는 자녀들, 곧 신앙의 자녀들이 진리 안에서 살아가는 그 모습을 보는 것이다. 정통적 신앙신조의 고백이나 혹은 이름뿐인 그리스도인이 아니라 실질적으로 진리 안에서 살아가는 것이 가장 중요한 문제이다. 오늘날 명목상 그리스도인은 많지만 성경의 진리를 따라 살아가는 그리스도인은 많지 않다(약 2:26). 이것이 오늘의 기독교가 안고 있는 병폐요, 고민이기도 하다.

만일 오늘의 기독교가 옛날 가이오와 그 교회처럼 "진리 안에서 행한다"면 이 사회에는 정의와 진실, 그리고 사랑이 생명처럼 부활할 것이다.

3. 순회 전도자를 후대함(5-8절)

1:5-6 "사랑하는 자여 네가 무엇이든지 형제 곧 나그네 된 자들에게 행하는 것은 신실한 일이니 그들이 교회 앞에서 너의 사랑을 증언하였느니라 네가 하나님께 합당하게 그들을 전송하면 좋으리로다"(Ἀγαπητέ, πιστὸν ποιεῖς ὃ ἐὰν ἐργάσῃ εἰς τοὺς ἀδελφοὺς καὶ τοῦτο ξένους, οἳ ἐμαρτύρησάν σου τῇ ἀγάπῃ ἐνώπιον ἐκκλησίας, οὓς καλῶς ποιήσεις προπέμψας ἀξίως τοῦ θεοῦ).

본문에 있는 "형제 곧 나그네"라 함은 가정을 떠나 복음을 전하는 순회 전도자를 의미한다. 가이오는 그런 전도자들을 영접하여 극진하고 친절하게 접대하며, 모든 편의를 도와주었다. 사도 요한은 그 행위를 "신실하다"고 인정하며 칭찬하고 있다.

그 전도자들이 본 교회로 돌아와서 교회 회중 앞에서 전도 보고를 하면서 가이오의 친절한 사랑의 행위를 증거했다. 이것을 들은 요한은 매우 기뻐하게 되었다. 이로써 사도 요한이 지금까지 말해 왔던 가이오가 어떤 인물이라는 것이 모든 신자들에게 알려지게 된 것이다.

오늘날 목회자들의 모습이 자신이 목회하는 교회 앞에서나, 다른 목회자와 다른 교회 신자들에게, 그리고 불신자들에게 어떤 모습으로 비춰어지고 있는가?

어떤 평가를 받고 있는가?

자성(自省)의 필요가 절실하다.

1:7-8 "이는 그들이 주의 이름을 위하여 나가서 이방인에게 아무 것도 받지 아니함이라 그러므로 우리가 이같은 자들을 영접하는 것이 마땅하니 이는 우리로 진리를 위하여 함께 일하는 자가 되게 하려 함이라"(ὑπὲρ γὰρ τοῦ ὀνόματος ἐξῆλθον μηδὲν λαμβάνοντες ἀπὸ τῶν ἐθνικῶν. ἡμεῖς οὖν ὀφείλομεν ὑπολαμβάνειν τοὺς τοιούτους, ἵνα συνεργοὶ γινώμεθα τῇ ἀληθείᾳ).

- **'아포 톤 에드니콘'**(ἀπὸ τῶν ἐθνικῶν): 이방인들로부터.
- **'순엘고이'**(συνεργοί): 함께 일하는 자들.
- **'오훼이로멘'**(ὀφείλομεν, 원형: 오훼이로-, ὀφείλω, 당연하다, 마땅하다, 빚을 지다, 은혜를 입다): 현재 직설법 능동태 1인칭 복수.

이 순회 복음전도자들은 이방인들을 대상으로 복음을 전하되, 아무런 보수를 받지 아니하고, 자비량으로 수고했다. 그러므로 교회와 그리스도인들이 전도자들의 필요한 것을 공급해 주는 것이 당연하다고 말하고 있다.

전도자들이 생활상, 금전상, 아무런 보수를 받지 않고, 복음을 위한 나그네가 되었기 때문에 그들을 돕는 것은 그리스도인의 당연한 의무이다. 그리고 직접 전도하지 않아도 전도자를 돕는 것은 진리를 위하여 함께 수고하는 자가 되는 것이다. 주님의 이름으로 전도자를 영접하는 것은 그 전도자를 보내신 예수 그리스도를 영접함이 된다 (마 10:40; 요 13:20) 그리고 그러한 행위를 한 자에게는 상급이 보장되어 있다(마 10:42).

4. 디오드레베에 관하여(9-10절)

1:9 "내가 두어 자를 교회에 썼으나 그들 중에 으뜸되기를 좋아하는 디오드레베가 우리를 맞아들이지 아니하니"(Ἔγραψά τι τῇ ἐκκλησίᾳ· ἀλλ' ὁ φιλοπρωτεύων αὐτῶν Διοτρέφης οὐκ ἐπιδέχεται ἡμᾶς).

- **'필로프로튜온'**(φιλοπρωτεύων, 원형: 필로프로-튜오-, φιλοπρωτεύω [φίλος〈사랑하는〉 + πρῶτος〈첫째가 되는, 머리가 되는, 으뜸이되는〉], 첫째가 되기를 사랑하는[좋아하는] 사람): 현재 분사 남성 단수 주격.
- **'에피데케타이'**(ἐπιδέχεται, 원형: 에피덱코마이, ἐπιδέχομαι, 친절히 받아들이다, 환영하다): 현재 직설법 중간태 또는 수동태 3인칭 단수.

본문에 말하는 교회는 가이오가 섬기는 교회를 의미한다. 디오드레베 라는 명칭은 이방인의 명칭이다. 그의 정신은 교만과 야심으로 가득 차 있었다.

디오드레베는 그 교회의 야심가로서, 사도 요한을 거부하고, 또한 사도 요한이 파송한 전도자들을 거절하여 영접하지 아니했다. 그는 으뜸이 되고자 하는 자였다. 교만한 야심가로 교회를 좌지우지하려는 자였다. 그는 하나님의 교회에 있어서 전혀 어울리지 않는 인물이었다. 그의 이러한 태도는 예수 그리스도의 교훈에 위배된다(마 20:27; 막 10:44). 그리고 이로 인해 교회가 어려움을 당한다.

이런 인물은 교회 안에서 쓴 뿌리가 되어(히 12:15) 목회자에게나 온 교회 성도들에게 큰 근심거리가 된다. 그리고 자기의 세력을 확장하여 교회의 순수성을 파괴하고 복음의 진리를 왜곡(歪曲)하는 데 이르게 된다.

1:10 "그러므로 내가 가면 그 행한 일을 잊지 아니하리라 그가 악한 말로 우리를 비방하고도 오히려 부족하여 형제들을 맞아들이지도 아니하고 맞아들이고자 하는 자를 금하여 교회에서 내쫓는도다"(διὰ τοῦτο, ἐὰν ἔλθω, ὑπομνήσω αὐτοῦ τὰ ἔργα ἃ ποιεῖ, λόγοις πονηροῖς φλυαρῶν ἡμᾶς, καὶ μὴ ἀρκούμενος ἐπὶ τούτοις οὔτε αὐτὸς ἐπιδέχεται τοὺς ἀδελφοὺς καὶ τοὺς βουλομένους κωλύει καὶ ἐκ τῆς ἐκκλησίας ἐκβάλλει).

- **'휴폼네-소'**(ὑπομνήσω, 원형: 휴포밈네스코-, ὑπομιμνήσκω, 마음에 두다, 기억하다): 미래 직설법 능동태 1인칭 단수.
- **'후류아론'**(φλυαρῶν, 원형: 후류아레오-, φλυαρέω, 어리석게 말하다): 현재 분사 남성 단수 주격.
- **'부로메누스'**(βουλομένους, 원형: 부로마이, βούλομαι, ~하려고 하다, 요구하다, 선택하다): 현재 분사 목적격 남성 복수.
- **'코뤼에이'**(κωλύει, 원형: 코-뤼오-, κωλύω, 방해하다, 억제하다): 현재 직설법 능동태 3인칭 단수.
- **'알쿠메노스'**(ἀρκούμενος, 원형: 알케오-, ἀρκέω, 격퇴하다): 현재 분사 중간태 또는 수동태 주격 남성 단수.

사도 요한은 디오드레베의 난폭한 상황이 얼마나 악의에 차 있는지를 여실히 보여주고 있다. 이러한 행동이 주님의 뜻에 위배되며, 주님의 영적 공동체인 교회를 파괴하는 죄악임을 기록하며, 이러한 행위가 불법임을 밝히고 있다.

디오드레베가 사도 요한을 거부한 사건은 그 당시 사도라고 해서 반드시 모든 신자들 위에 있는, 그러한 제도적 권위가 규정되어 있지 않았다는 것을 보여준다. 외부적 조건에 의한 권위가 없었음이 분명하다. 물론 사도 요한은 영적으로는 예수 그리스도의 직제자이며 사도로서의 권위가 있고 모든 성도들에게서 존경을 받는 상태임에는 틀림이 없었다.

사도 요한이 가서 그를 책망하겠다는 것을 보면, 결국 사도 요한의 인격과 그 신앙적 권위가 있음을 알 수 있다. 곧 사도 요한의 사도적 권위를 암시하고 있는 것이다.

사도 요한의 이러한 자세는 영적 지도자의 당연한 자세가 아니겠는가!

오늘날 디오드레베와 같은 태도를 가진 자들이 교회 안에 얼마나 많은가?

주님의 교훈을 따라 나그네를, 특히 순회 전도자들을 후히 대접하려는 참 신자들을 증오하고 반대하여 교회에서 추방시키는 디오드레베의 행위는 자기 자신이 교회의 주인인 줄로 착각하고 있는 것이며, 주님의 자리와 권위를 강탈하는 죄악이다. 이런 행위는 자기 스스로 불신앙인임을 말하고 있는 것이다.

그런 자들로 말미암아 교회와 목회자와 신자들이 당하는 피해와 상처가 얼마나 큰가?

그리고 대(對)사회적으로도 주님의 교회의 참 모습에 얼마나 손해가 크겠는가?

5. 데메드리오를 본받으라(11-12절)

1:11 "사랑하는 자여 악한 것을 본받지 말고 선한 것을 본받으라 선을 행하는 자는 하나님께 속하고 악을 행하는 자는 하나님을 뵈옵지 못하였느니라"(Ἀγαπητέ, μὴ μιμοῦ τὸ κακὸν ἀλλὰ τὸ ἀγαθόν. ὁ ἀγαθοποιῶν ἐκ τοῦ θεοῦ ἐστίν· ὁ κακοποιῶν οὐχ ἑώρακεν τὸν θεόν).

- **'미무'**(μιμοῦ, 원형: 미메오마이, μιμέομαι, 모방하다, 본받다): 현재 가정법 2인칭 단수.
- **'아가도포이온'**(ἀγαθοποιῶν): 선을 행하는 자.
- **'카코포이온'**(κακοποιῶν): 악을 행하는 자.
- **'헤오라켄'**(ἑώρακεν, 원형: 호라오-, ὁράω, 내가 보다): 완료형 3인칭 단수.

사도 요한은 11절과 12절에서 두 인물을 대조시키고 있다. 데메드리오는 선을 행하는 자라 하고, 디오드레베는 악을 행하는 자라 말하여 양자를 구별하고 비교하고 있다. 그리고 이 두 인물을 권면과 주의의 대상으로 삼고 있다.

사도의 권면은 선을 행하는 "데메드리오"(Δημητρίῳ)를 본받으라고 권면하고 있다. 반면에 디오드레베(Διοτρέφης)는 악을 행하는 자이므로 멀리하며, 경계하라고 주의를 주고 있다.

데메드리오는 모든 신자들에게도, 진리에 비춰 보아도, 그리고 사도 요한 자신이 보아도 그리스도 안에서 선을 행하는 사람이요, 모범적인 인물이라고 증거되고 있다. 그래서 악한 자를 본받지 말고, 선을 행하는 자를 본받으라고 말하고 있다.

선을 행하는 자는 하나님에게서 나온 자이다. 이 말은 그리스도 안에서 영적으로 하나님을 만나는 체험이 있어 성령으로 거듭난 자를 뜻한다.

그러나 그와 반대로 악을 행하는 자는 하나님을 뵈옵지 못한 자이다. 즉 아직까지 하나님을 만나는 체험이 없는 자라는 뜻이다. 다시 말하자면 "물과 피와 성령"으로 신생(新生)함의 체험이 없는 자라는 뜻이다. 그러므로 그런 자는 아직 그리스도인이 아니라는 말이다. 교회 안에 들어와 세례를 받고, 직분을 받고, 경제력과 세상 권력을 막강하게 가지고 행세를 한다 해도, 교회의 머리이신 주 예수 그리스도께서는 그런 자를 인정하지 않으신다. 그런 자를 외면하신다.

1:12 "데메드리오는 뭇 사람에게도, 진리에게서도 증거를 받았으매 우리도 증언하노니 너는 우리의 증언이 참된 줄을 아느니라"(Δημητρίῳ μεμαρτύρηται ὑπὸ πάντων καὶ ὑπὸ αὐτῆς τῆς ἀληθείας· καὶ ἡμεῖς δὲ μαρτυροῦμεν, καὶ οἶδας ὅτι ἡ μαρτυρία ἡμῶν ἀληθής ἐστιν).

- '메말튜레타이'(μεμαρτύρηται, 원형: 말튜레오-, μαρτυρέω, 증거하다): 완료 수동태 3인칭 단수.
- '말튜루멘'(μαρτυροῦμεν, 원형: 말튜레오-, μαρτυρέω, 증언하다, 증거하다): 현재 직설법 1인칭 복수.
- '말튜리아'(μαρτυρία, 명사): 법적 증거, 증거.
- '오이다스'(οἶδας, 원형: 오이다, οἶδα, 알다[to know]): 완료 직설법 능동태 2인칭 단수.

본문을 아래와 같이 번역해 보자.

"데메드리오는 모든 사람들에게와 진리 자체에게도 증거를 받았다. 그리고 우리들도 증거하고 있다. 그리고 너는 우리들의 증거가 참되다는 것을 알고 있다."

데메드리오가 본 서신의 지참자가 아닌가 하는 추측이 있으나 확실하지는 않다. 데메드리오는 모든 교회의 신자들에게서 뿐만 아니라 진리 자체로 말미암아서도 선한 사람이라고 증거 받은 인물이요, 사도 요한을 포함한 그 교회의 신자들과 다른 사도들도 인정하고 증거하는 인물이다. 그러므로 "데메드리오"를 잘 알고 있는 "가이오, 네 자신이 사도 요한을 포함한 신자들의 증거가 거짓이 아니라 참된 증거라는 사실을 잘 알고 있지 않느냐!"라는 말이다.

인간의 행동의 최고 기준은 진리이다. 진리를 행하면 세상 사람들이 인정한다. 데메드리오처럼 우리도 교회와, 세인들과 진리와 교회의 지도자들 앞에 선하다고 인정받을 수 있는 신자가 되도록 노력하자.

6. 마지막 인사(13-15절)

1:13-14 "내가 네게 쓸 것이 많으나 먹과 붓으로 쓰기를 원하지 아니하고 속히 보기를 바라노니 또한 우리가 대면하여 말하리라"(Πολλὰ εἶχον γράψαι σοι, ἀλλ' οὐ θέλω διὰ μέλανος καὶ καλάμου σοι γράφειν. ἐλπίζω δὲ εὐθέως σε ἰδεῖν, καὶ στόμα πρὸς στόμα λαλήσομεν).

13-15절은 본 서신의 끝맺음이다. 사도 요한은 가이오에게 개인적인 말을 하고 있다. 사도 요한은 편지로 쓰는 것보다 직접 만나서 얼굴과 얼굴을 대하여 보면서 많은 얘기를 나누고 싶은 심정이다. 여기에서도 역시 사도 요한이 가이오에 대한 깊은 사랑을 나타내고 있다. 사도 요한이 가이오를 그토록 보고 싶어 한 것을 보면 사도 요한이 가이오를 얼마나 사랑하고 있는지를 짐작할 수 있다.

우리들도 목회자와 신자 사이에 이러한 관계가 이루어져야 하지 않겠는가?

훌륭한 그리스도인은 타인에게 기쁨을 줄 수 있는 것이다.

1:15 "평강이 네게 있을지어다 여러 친구가 네게 문안하느니라 너는 친구들의 이름을 들어 문안하라"(εἰρήνη σοι. ἀσπάζονταί σε οἱ φίλοι. ἀσπάζου τοὺς φίλους κατ᾽ ὄνομα).

- **'아스파존타이'**(ἀσπάζονταί, 원형: 아스파조마이, ἀσπάζομαι, 인사하다, 문안하다): 현재 능동태 3인칭 복수.

사도 요한이 가이오에게 서신의 끝을 맺으며 "평강이 네게 있을지어다"라고 "축도"를 하고 있다. 그리고 이어서 공적인 인사로, 사도 요한과 함께 있는 친구들이 가이오에게 문안을 전하는 것을 말한 다음에, 이름을 따라 친구들에게 인사할 것을 부탁하고 있다.

인사는 겸손과 사랑의 표현이라고 본다. 예수 그리스도의 교회 안에서는 가장 낮은 자가 인사를 받아야 할 것이다. 천국에서 함께 살기를 희망하는 사람은 지상에서 타인에게 먼저 인사를 하게 될 것이다.

그러나 우리는 얼마나 인사하기에 인색한가?

사도 요한은 자기 자신이 그리스도의 가슴 안에 있으면서, 동시에 자기의 가슴 안에는 그리스도의 친구들을 품고 있는 것이다.

　사도 요한은 지위고하, 빈부귀천, 남녀노소를 막론하고 모든 성도들을 그리스도의 친구로 알고 자기의 가슴 안에 품고 있는 것이다.

　이것이 사도 요한이 예수에게서 배운 참 목자의 모습이 아니겠는가?

　가이오와 데메드리오의 이름과 선행이 아름다운 것으로 성경이 남아있는 한, 길이길이 모든 그리스도인들에게 모범이 될 것이다. 그리고 주님의 교회와 성도들을 향한 사도 요한의 사랑은 오늘의 목회자들이 배워야할 모습이다. 아멘.

The Epistles of John

요한서신

하나님은 사랑이시라

요한서신
The Epistles of John

2017년 10월 20일 초판 발행

지 은 이 | 강정보

편 집 | 정희연, 곽진수
디 자 인 | 신봉규, 서민정
펴 낸 곳 | 사)기독교문서선교회
등 록 | 제16-25호(1980. 1. 18)
주 소 | 서울시 서초구 방배로 68
전 화 | 02) 586-8761~3(본사) 031) 942-8761(영업부)
팩 스 | 02) 523-0131(본사) 031) 942-8763(영업부)
홈페이지 | www.clcbook.com
이 메 일 | clckor@gmail.com
온 라 인 | 기업은행 073-000308-04-020, 국민은행 043-01-0379-646
예금주: 사)기독교문서선교회

ISBN 978-89-341-1724-7 (93230)

* 낙장 · 파본은 교환해 드립니다.

이 도서의 국립중앙도서관 출판시 도서목록(CIP)은 서지정보유통지원시스템 홈페이지(http://seoji.nl.go.kr)와
국가자료공동목록시스템(http://www.nl.go.kr/kolisnet)에서 이용하실 수 있습니다.
(CIP제어번호: CIP2017024678)